中学受験

物語ですらすら頭に入る

よく出る漢字720

スクールFC代表
松島伸浩 監修

実務教育出版

はじめに

本書は、中学受験をする子どもたちが、受験の中で抱える悩みや葛藤を、仲間や家族、塾の先生とともに乗り越えていく姿を物語にしたものです。十五のストーリーはすべて実話を題材としています。

中学受験はちょうど思春期と重なる時期です。子どもとの接し方、距離の取り方などが難しいことから、「中学受験は親の受験」とよく言われます。受験生と親のかかわり方については、拙著『中学受験　親のかかわり方大全《たいぜん》』（実務教育出版）をご参照ください。

子どもたちは「中学受験」という得体の知れないものを目の前に、大量の宿題に追われ、テストの成績に落ち込み、さらに友達との関係に悩むなど、親にも相談できずモヤモヤしていることがよくあります。普段はあっけらかんとしているように見えて、人知れずいろいろな思いを抱えています。親に言ってもわかってくれない。でも自分ひとりでは解決できない。どうすればいいのかわからない。その結果、ストレスがたまって親に反発してしまうこともあるのです。この本が、そんな受験生に向けて「君だけではなく、みんな同じようなことで悩んでいるんだよ！」「本当の気持ちを素直に伝えていいんだよ！」「諦めなければきっと道は開けるよ！」という応

スクールFC代表
松《まつ》島《しま》伸《のぶ》浩《ひろ》

援メッセージになればよいと思っています。

本書は、物語に登場する受験生に自らの姿を重ね合わせながら、入試によく出る漢字や語句を、物語を通して自然に身につけられる構成になっています。また一話ごとに定着を図るための確認テストがついていますから、できなかった漢字や語句は、繰り返し練習することができます。

最近の入試では、すべての教科で記述式の問題が増え、文章を書く力がますます重要になっています。国語の書き抜き問題や条件記述問題では、文章中の言葉を使って書かなければなりませんが、そこで漢字の間違いをして点数を落としてしまうケースが意外に多い、と私学の先生からうかがったことがあります。社会の漢字指定問題も同様です。間違えたまま漢字を覚えてしまうと、いろいろなところで減点をされてしまいますので、普段から正確な漢字を書けるようにしておくことが大切です。

中学受験はひとつの通過点です。十二歳をピークとせず、さらに伸び続け、その先でも幸せになってほしいというのが親の願いのはずです。だからこそ、将来につながる意味のある受験をしてほしいのです。私が代表を務める「スクールFC」ではそれを「幸せな受験」と呼んで、一人ひとりの子どもたちに寄り添い、ご家庭をサポートしています。この本が、子どもたちの成長のきっかけとなり、皆様にとっての「幸せな受験」につながればこの上ない喜びです。

この本を読むみなさんへ

松島《まつしま》伸浩《のぶひろ》

今塾《じゅく》に通いながら、受験勉強をしているみなさん、何か困っていることはありませんか。もし何か心配ごとやなやみごとがあるなら、塾《じゅく》の先生にぜひ相談してください。

「こんなことを聞いたらはずかしい」とか「しかられるんじゃないか」とか、そんな心配はいりません。塾《じゅく》の先生は過去にもきみと同じような相談をたくさん受けていますから、親身になってアドバイスをしてくれます。

「でもちょっと勇気が出ないな」と思っている人は、この本を読んでみてください。この物語は、実際にあった話をもとにして書かれています。みなさんにも似たような経験があるかもしれませんし、これからそういう経験をするかもしれません。読み終わったころには、きっと前よりもやる気や勇気がわいてくるはずです。

どんな受験生でも、テストの成績は上がったり下がったりします。スランプになるときもあります。でも目の前のことをしっかりやっていれば、必ず実を結ぶときが来ます。ただし、そのためには大切なことが二つあります。一つは、自分をごまかさないこと。わからないことはわからないままにしないで、だれかに聞くことです。もう一つは、友だちを大切にすること。ライバルであっても、同じ受験生の仲間として楽しく勉強したほうが成績は上がります。この本に登場する四人の仲間のように、みんなで支え合いながら、最後まであきらめずに志望校合格を目指してください。

この本の使い方

物語

物語の中には、入試によく出る漢字が登場します。よく出る漢字は、太字で表し、線を引いています。

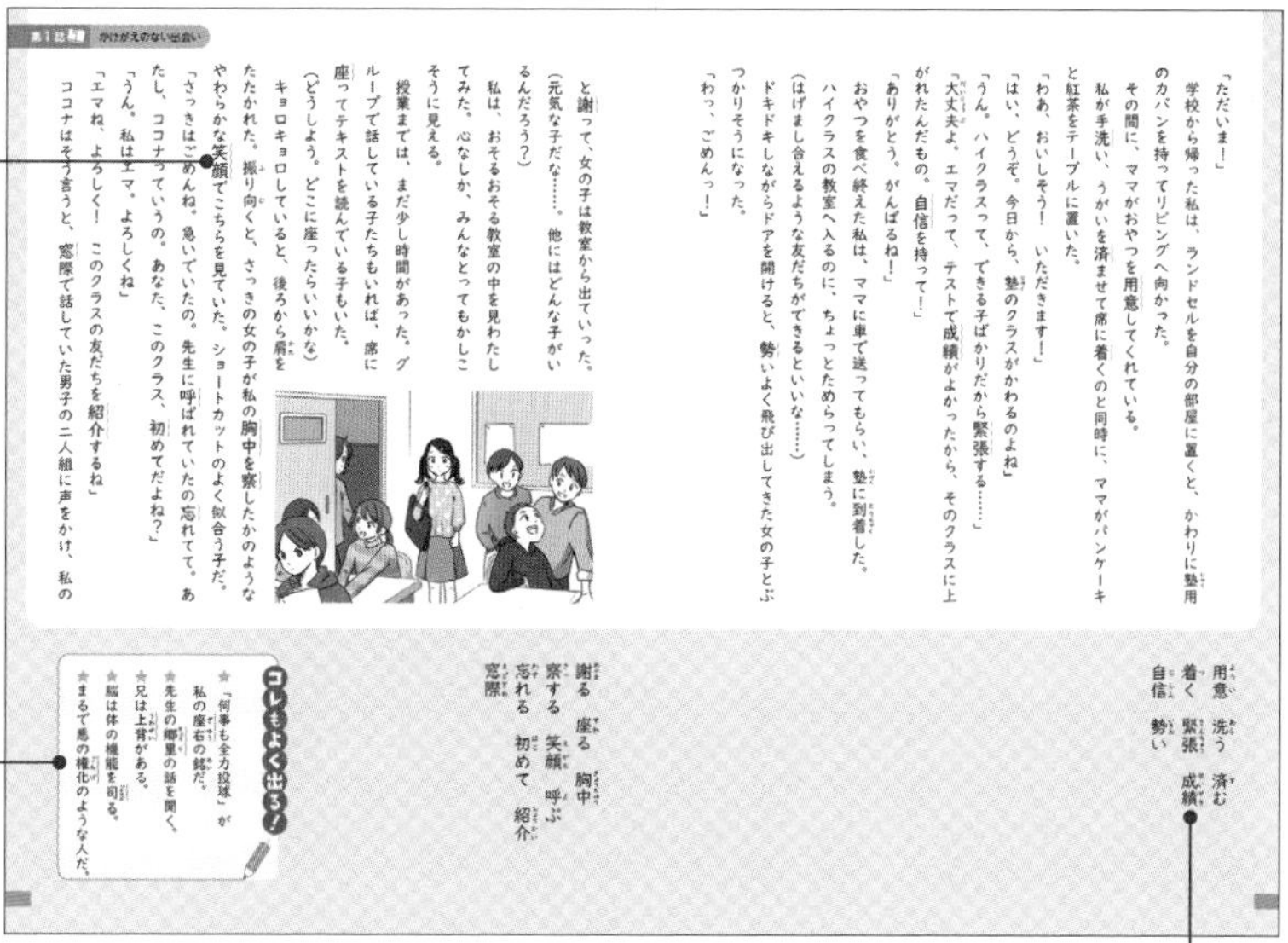

物語の中に登場した漢字以外で、入試によく出るものを紹介《しょうかい》しています。

物語の中に登場した漢字の読みを確認《かくにん》することができます。

漢字テスト

物語のページで出てきた漢字の練習問題です。漢字の読みを答える問題と、書き取り問題に挑戦《ちょうせん》しましょう。

答えとアドバイス

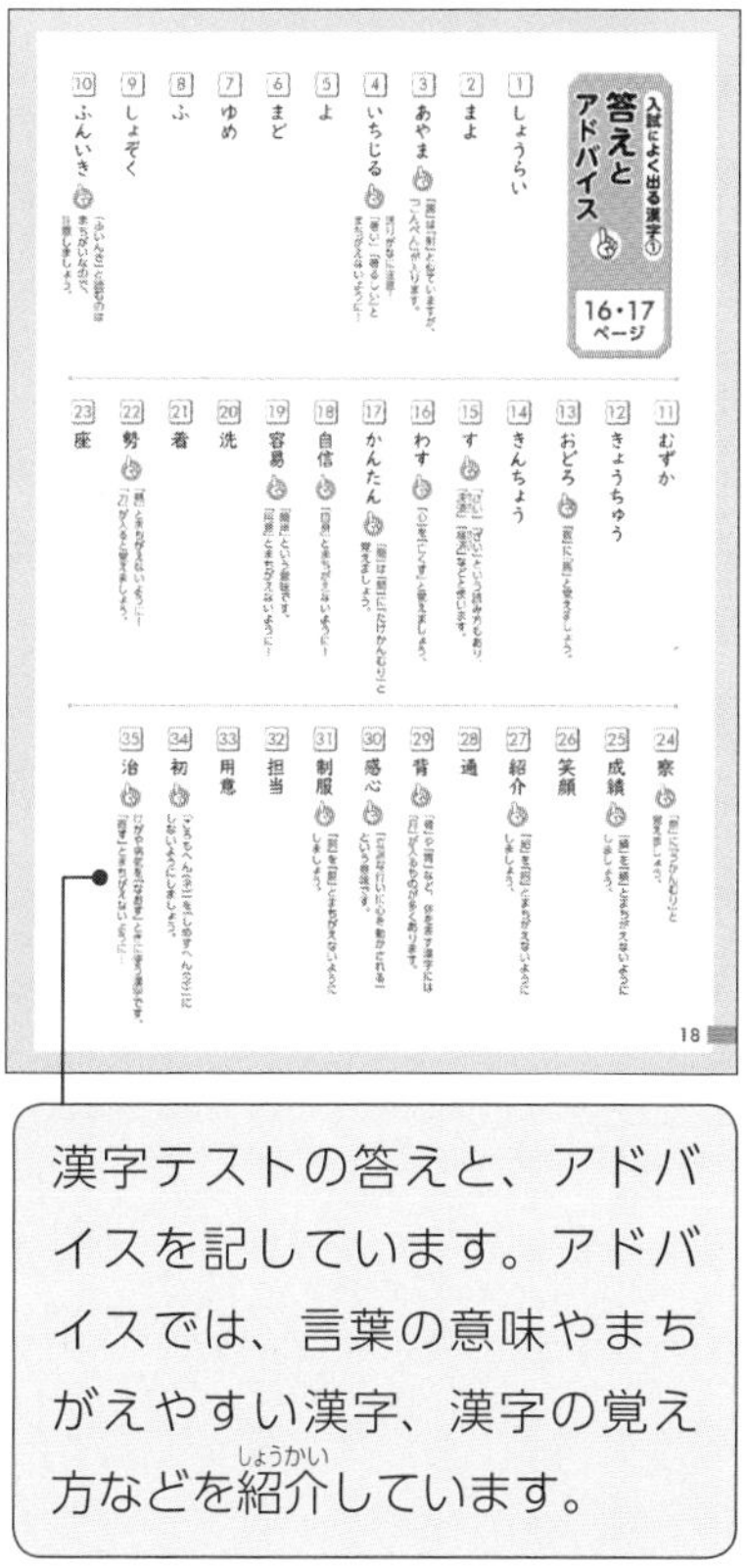

漢字テストの答えと、アドバイスを記しています。アドバイスでは、言葉の意味やまちがえやすい漢字、漢字の覚え方などを紹介《しょうかい》しています。

テストの点数をメモしておくことができます。何度もくり返し、点数アップを目指しましょう。

テストに取り組んだら、答え合わせをして、点数を出しましょう。

漢字テストに取り組む時間の目安を表しています。時間内に全問解答できるようにしましょう。

もくじ

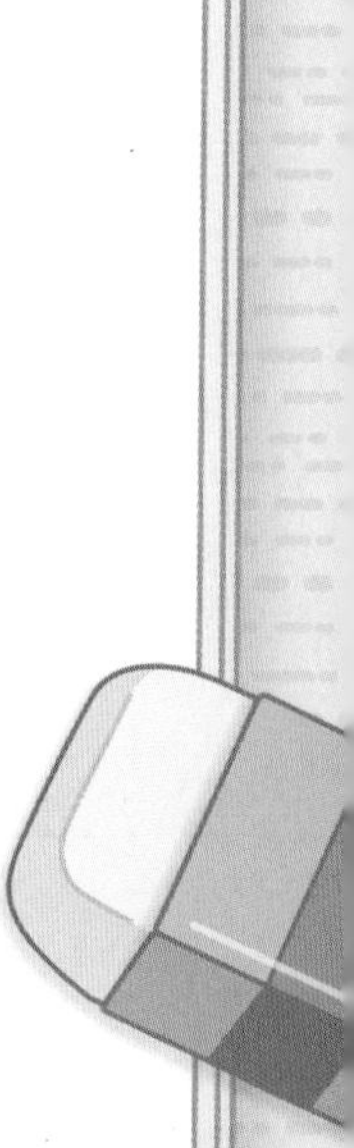

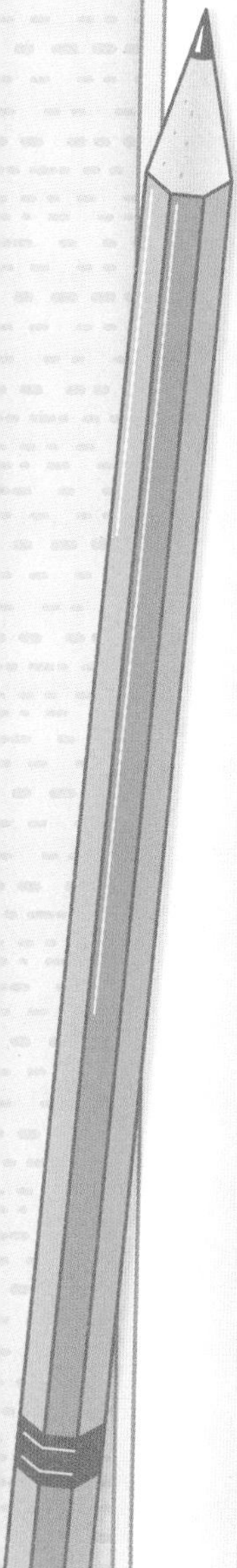

登場人物紹《しょう》介《かい》

エマ

優《やさ》しくがんばり屋な小学6年生の女の子。

少し引《ひ》っ込《こ》み思案《じあん》なところがある。

いとこの影響《えいきょう》で私立の中学校を受験することに決め、５年生のときに現在の学習塾《じゅく》に移ってきた。５歳《さい》からバレエを習っている。

ココナ

明るく朗《ほが》らかな性格の女の子。
読書が大好きで、知識も豊富。
かわいい制服にあこがれがあり、
椿《つばき》が丘《おか》女子中学校を志望している。
ケアレスミスが多いのがなやみ。

タクト

大人っぽくていつも冷静な男の子。
将来の夢は、ロボットの開発者になること。
夢に近づくために、
楓《かえで》大学附属楓《ふぞくかえで》中学校を志望している。
国語の物語文の読解に苦手意識を持っている。

ユウヤ

グループのムードメーカーで、元気いっぱいな男の子。バスケットボールと一発ギャグが得意。バスケットボールの強豪《きょうごう》校である楓《かえで》大学附属楓《ふぞくかえで》中学校に入り、１年生でレギュラー入りするのが目標。成績がのびなやんでいることにあせっている。

松永《まつなが》先生

エマたちが通う学習塾《じゅく》の先生。

ハイクラスを担当している。

勉強の仕方や志望校の選び方を教えるだけではなく、生徒の気持ちに寄《よ》り添《そ》ったアドバイスをするなど、いつも優《やさ》しく生徒を見守っている。

第1話 かけがえのない出会い

学習塾《じゅく》に通うエマは、クラス分けで一番上の「ハイクラス」に
所属することになりました。
授業初日、エマはドキドキしながら教室に足をふみ入れます。

「ただいま!」

学校から帰った私は、ランドセルを自分の部屋に置くと、かわりに塾《じゅく》用のカバンを持ってリビングへ向かった。

その間に、ママがおやつを用意してくれている。

私が手洗い、うがいを済ませて席に着くのと同時に、ママがパンケーキと紅茶をテーブルに置いた。

「わあ、おいしそう! いただきます!」

「はい、どうぞ。今日から、塾《じゅく》のクラスがかわるのよね」

「うん。ハイクラスって、できる子ばかりだから緊張する……」

「大丈夫《だいじょうぶ》よ。エマだって、テストで成績がよかったから、そのクラスに上がれたんだもの。自信を持って!」

「ありがとう。がんばるね!」

おやつを食べ終えた私は、ママに車で送ってもらい、塾《じゅく》に到着《とうちゃく》した。

ハイクラスの教室へ入るのに、ちょっとためらってしまう。

(はげまし合えるような友だちができるといいな……)

ドキドキしながらドアを開けると、勢いよく飛び出してきた女の子とぶつかりそうになった。

「わっ、ごめんっ!」

用意《ようい》　洗《あら》う　済《す》む
着《つ》く　緊張《きんちょう》　成績《せいせき》
自信《じしん》　勢《いきお》い

と謝って、女の子は教室から出ていった。

（元気な子だな……。他にはどんな子がいるんだろう？）

私は、おそるおそる教室の中を見わたしてみた。心なしか、みんなとってもかしこそうに見える。

授業までは、まだ少し時間があった。グループで話している子たちもいれば、席に座ってテキストを読んでいる子もいた。

（どうしよう。どこに座ったらいいかな）

キョロキョロしていると、後ろから肩《かた》をたたかれた。振《ふ》り向《む》くと、さっきの女の子が私の胸中を察したかのようなやわらかな笑顔でこちらを見ていた。ショートカットのよく似合う子だ。

「さっきはごめんね。急いでいたの。先生に呼ばれていたの忘れてて。あたし、ココナっていうの。あなた、このクラス、初めてだよね？」

「うん。私はエマ。よろしくね」

「エマね、よろしく！　このクラスの友だちを紹介するね」

ココナはそう言うと、窓際で話していた男子の二人組に声をかけ、私の

謝《あやま》る　座《すわ》る　胸中《きょうちゅう》
察《さっ》する　笑顔《えがお》　呼《よ》ぶ
忘《わす》れる　初《はじ》めて　紹介《しょうかい》
窓際《まどぎわ》

コレもよく出る！

★「何事も全力投球」が私の座右《ざゆう》の銘《めい》だ。
★先生の郷里《きょうり》の話を聞く。
★兄は上背《うわぜい》がある。
★脳は体の機能を司《つかさど》る。
★まるで悪の権化《ごんげ》のような人だ。

ところへ連れてきてくれた。

「あたしたち、四年生のころからこの塾《じゅく》に通っているの。タクト、ユウヤ、この子はエマっていうの。今日から同じクラスだよ」

ココナがそう言うと、背が高くて大人っぽい感じの男の子が口を開いた。

「はじめまして。ぼくはタクト。ぼくもエマって呼んでいいの？」

「もちろん。私もタクトって呼ぶね」

すると、今度はもうひとりの、ムードメーカーっぽい男の子が言う。

「オレはユウヤ。よろしく！　エマは、いつこの塾《じゅく》に入ったの？」

通《かよ》う

背《せ》

「五年生の二学期に、他の塾《じゅく》から移ってきたの。それまで、本当に受験するかどうか正直迷っていて。みんなはずっと前から受験を決めていたの?」

私の質問に、ココナが真っ先に答えた。

「うん。あたしは、制服のかわいい中学に入るのが、小さいころからの夢だったから。今は、さすがにそれだけで目指しているわけじゃないけどね。タクトはお兄ちゃんも私立に通っているんだよね?」

「うん。だから、わりと早い段階で受験することに決めたな。将来の夢をかなえるために有利な学校に行きたいと思っているし……」

タクトの話を聞いて、将来のことまでちゃんと考えているんだなと、私は感心した。タクトの話が終わると今度はユウヤが、

「オレは、バスケの強豪校《きょうごうこう》へ行きたいんだ。今もバスケチームに所属しているけれど、中学へ行ったら全国大会を目指したいって思っているんだ!」

と言いながら大げさにガッツポーズをして見せる。思わず笑ってしまった。

「エマは、どうして受験をすることにしたの?」

タクトに聞かれて、私はこう答えた。

「いとこのお姉ちゃんが私立に通っていて、話を聞いているうちに楽しそうだなって思うようになったの」

先生が来るまでの少しの間、三人と話せたおかげで、私は教室の雰囲気

迷《まよ》う　制服《せいふく》　夢《ゆめ》
将来《しょうらい》　感心《かんしん》　所属《しょぞく》
雰囲気《ふんいき》

コレもよく出る!

★このいすは高さが調節できて重宝《ちょうほう》する。
★定石《じょうせき》をふんで調査をする。
★郷《ごう》に入っては郷《ごう》に従え。
★率直《そっちょく》なもの言いが災《わざわ》いする。
★旅行の予定を先に延《の》ばす。

にすっかりとけこめた気がした。

新しいクラスでもがんばるぞ！

ところが、それからの日々が大変だった。ハイクラスの授業についていくのは容易なことではなかったのだ。

授業の内容が今までより難しいのはもちろんだし、宿題の量も増えて、簡単には終わらない。さらに、学校の宿題もあるし、週に二回はバレエのレッスンもある。

「そんなに大変なら、バレエをやめるしかないんじゃない？」

ママの言葉に、私はあせって抵抗《ていこう》した。

「それだけはいや！」

五年生の秋で、バレエ以外の習い事は全部やめた。もちろん、受験へ向けて勉強に力を入れるためだ。でも、大好きなバレエだけはどうしてもやめたくなかった。六月に行われる発表会までは、なんとしても続けたい。

バレエを始めたのは五歳《さい》のとき。友だちの発表会を見てやりたいと言い出した私の応援《おうえん》をしてくれたのは、去年病気で亡《な》くなったおばあちゃんだった。去年の発表会の少しあとで、おばあちゃんの病状は著しく悪化した。

「病気は治したいけれど……来年の発表会は見られないかもしれないわね」

容易《ようい》　難《むずか》しい　増《ふ》える

簡単《かんたん》　著《いちじる》しい　治《なお》す

悲しそうに何度もそう言っていたおばあちゃん。今年の発表会では、天国のおばあちゃんに向けて、心をこめておどりたいのだ。

かと言って、塾《じゅく》の宿題が終わらないのは大問題なんだけれど……。

「どうするのが一番いいのか、松永《まつなが》先生に相談してみようか」

ママにそう言われて、私はうなずいた。

ハイクラスの担当である松永《まつなが》先生に相談すると、

「なるほど。がんばってはいるんだけど、宿題が終わらないんだね。うーん、それじゃあ、少し宿題を少なくするというのはどう？」

という答えが返ってきて、私は驚いた。宿題は全員同じ量をやってこないといけないものだと思っていたからだ。

「ただし、バレエの発表会までだよ。それから、まちがえた問題はしっかりと解き直しをしようね。わからない問題は必ず質問しにくること」

私はドキッとした。今まで、わからない問題は飛ばして、そのままにしていることが多かったのだ。先生は私の顔をじっと見てこう言った。

「いいかい？　**できなかったことをできるようにすることが勉強**なんだ。まちがえたところやわからないことをそのままにするのは一番よくないよ」

知らなかった。勉強って、何時間やったとか、何問解いたとか、量だけが大事なわけじゃないんだ……。先生の言葉に、私は目の覚める思いがした。

担当《たんとう》　驚《おどろ》く

コレもよく出る！

★国の将来を担《にな》うのは子どもたちだ。

★米の生産量の推移《すいい》を調べる。

★それが彼《かれ》との今生《こんじょう》の別れとなった。

★意見の異なる相手を論破《ろんぱ》する。

★クレームを受けて善処《ぜんしょ》を約束する。

受験に勝つ！

入試によく出る漢字①

10分

――の漢字をひらがなに、カタカナを漢字に、それぞれ直しましょう。〔1問1点〕

1 将来の自分を想像する。（　　）

2 どちらの道に進めばよいか迷う。（　　）

3 時間におくれたことを謝る。（　　）

4 発展が著しい国。（　　）

5 遠くから私を呼ぶ声が聞こえる。（　　）

6 窓を開けて空気を入れかえよう。（　　）

7 ぼくの夢はプロ野球選手になることだ。（　　）

8 参加人数が増える。（　　）

9 兄はサッカーチームに所属している。（　　）

10 明るい雰囲気の店。（　　）

11 難しい問題に取り組む。（　　）

12 先生に胸中を打ち明ける。（　　）

13 大きな音がして驚く。（　　）

14 明日は試験なので緊張する。（　　）

15 重要な用事が済む。（　　）

16 そのときだれがいたかを忘れる。（　　）

17 簡単な英語なら話せる。（　　）

18 足の速さには**ジシン**がある。（　）

19 この本は**ヨウイ**には手に入らない。（　）

20 よごれた服を**アラ**う。（　）

21 夜までに目的地に**ツ**く。（　）

22 **イキオ**いに乗って勝ち進む。（　）

23 公園のベンチに**スワ**る。（　）

24 友人の思いを**サッ**する。（　）

25 これまでで一番よい**セイセキ**。（　）

26 **エガオ**で写真に写る。（　）

27 友人を母に**ショウカイ**する。（　）

28 母のすすめで英会話教室に**カヨ**う。（　）

29 山田くんはクラスで一番**セ**が高い。（　）

30 友人の真面目《まじめ》さに**カンシン**する。（　）

31 **セイフク**のかわいい学校。（　）

32 会場の案内係を**タントウ**する。（　）

33 料理の材料を**ヨウイ**する。（　）

34 **ハジ**めて見る人。（　）

35 けがを**ナオ**す。（　）

点数チェック	
1回目	点
2回目	点
3回目	点

／35点

入試によく出る漢字①

答えとアドバイス

16・17ページ

1 しょうらい

2 まよ

3 あやま
「謝」は「射」と似ていますが、「ごんべん」が入ります。

4 いちじる
送りがなに注意！「著い」「著るしい」とまちがえないように！

5 よ

6 まど

7 ゆめ

8 ふ

9 しょぞく

10 ふんいき
「ふいんき」と読むのはまちがいなので、注意しましょう。

11 むずか

12 きょうちゅう

13 おどろ
「敬」に「馬」と覚えましょう。

14 きんちょう

15 す
「さい」「ざい」という読み方もあり、「決済《けっさい》」「経済《けいざい》」などと使います。

16 わす
「心」を「亡くす」と覚えましょう。

17 かんたん
「簡」は「間」に「たけかんむり」と覚えましょう。

18 自信
「自身」とまちがえないように！

19 容易
「簡単」という意味です。「用意」とまちがえないように！

20 洗

21 着

22 勢
「熱」とまちがえないように！「力」が入ると覚えましょう。

23 座

24 察
「祭」に「うかんむり」と覚えましょう。

25 成績
「績」を「積」とまちがえないようにしましょう。

26 笑顔

27 紹介
「紹」を「招」とまちがえないようにしましょう。

28 通

29 背
「骨」や「胃」など、体を表す漢字には「月」が入るものが多くあります。

30 感心
「立派な行いに心を動かされる」という意味です。

31 制服
「制」を「製」とまちがえないようにしましょう。

32 担当

33 用意

34 初
「ころもへん（衤）」を「しめすへん（ネ）」にしないようにしましょう。

35 治
けがや病気を「なおす」ときに使う漢字です。「直す」とまちがえないように！

第2話 志望校の選び方

お母さんから、進学校に通うお兄ちゃんと比べられ、いらだっているタクト。
そんなタクトに松永《まつなが》先生は、お母さんとしっかり話し合うように勧めます。

ぼくには三つ年上の兄がいる。勉強もスポーツもできるし、ゲームも得意。ぼくはいつも、そんな兄ちゃんの真似ばかりしていた。だけど、小学三年生のとき、ある本に出合ってから、ぼくは変わった。それは、さまざまな分野で活躍《かつやく》するロボットの開発について書かれた本だった。それを読んで、初めて兄ちゃんの真似ではない、自分だけの夢を見つけたのだ。

ぼくは年のわりには背が高い。そのうえ眼鏡をかけているせいか大人っぽいとよく言われる。けれど、家の中ではてんで子どもあつかいされていた。

「タクちゃん、おかえり！」

「ただいま……。ねぇ、『タクちゃん』はやめてって言っているでしょ！」

ぼくは嫌悪感をあらわにして言った。

「ああ、そうだった。ごめんごめん」

母さんは、いまだにぼくを「タクちゃん」と呼ぶ。照れくさいし、来年は中学生なんだから、絶対にやめてほしい。いつもそう言っているんだけれど、直そうとしない母さんに、ぼくはずっといらだっていた。

（あの調子じゃ、一生直らないな……）

そう思いながら、客間の前の廊下《ろうか》を通って、自分の部屋へと向かう。

ぼくの家は、平屋建ての典型的な日本家屋だ。もともとは祖父母の家で、

真似《まね》　眼鏡《めがね》　嫌悪感《けんおかん》
照《て》れる　絶対《ぜったい》　直《なお》す
調子《ちょうし》　客間《きゃくま》　平屋建《ひらやだ》て
典型的《てんけいてき》　日本家屋《にほんかおく》

祖母が亡《な》くなり、祖父がひとり暮らしをしていたところに、ぼくの両親が同居を提案したのだ。親孝行のつもりだったんだろう。

そういう思いやりは立派だと思うけれど、ふすまや障子で仕切られた部屋にいると、家族の動きが気になるから、勉強に集中できないときがある。だから、ぼくは授業がない日も、塾《じゅく》の自習室を積極的に活用している。

「おかえり、タクト」

障子がすっと開いて、兄ちゃんが顔を出した。兄ちゃんは私立の難関校、杉《すぎ》ノ下《した》学園中学校に合格を果たした秀才《しゅうさい》だ。

今、兄ちゃんは中学三年生。私立校はエスカレーター式で高校へ進学できるから受験生ではないけれど、授業の予習やテスト勉強は大変そうだ。でも、切磋琢磨《せっさたくま》し合える友だちが多く、おもしろい授業をする先生もいて、心底学校が楽しいらしい。

「タクト、志望校はもう決めたんだっけ？」

「うん、だいたいは」

「第一志望はどこ？　うちの学校に来るのか？」

廊下《ろうか》で立ち話をしていたら、母さんが通りかかって、口をはさんだ。

「タクちゃんの成績じゃ、杉《すぎ》ノ下《した》学園は無理よ。本人もすっかりあきらめちゃっているし」

同居《どうきょ》　提案《ていあん》　親孝行《おやこうこう》
立派《りっぱ》　障子《しょうじ》　難関校《なんかんこう》
果《は》たす　心底《しんそこ》　志望校《しぼうこう》

コレもよく出る！

★手足の末端《まったん》が冷える。
★神社の社《やしろ》を修復する。
★あの人は弁舌《べんぜつ》がさわやかで話がうまい。
★次の生徒会長に木村くんを推《お》す。
★彼女《かのじょ》にはリーダーとしての適性《てきせい》がある。

「そんなんじゃないよ……」

母さんの言葉にムッとしているぼくの肩《かた》に手を置き、兄ちゃんは、優しい声で言った。

「タクト、まだ六年生の四月なんだ。あきらめるのは早いよ。杉《すぎ》ノ下《した》学園は本当にいい学校だから、がんばって目指したらいいんじゃないかな？」

「だから、ちがうって……」

何か、かんちがいされている。二人の中では、ぼくは成績が悪いから、杉《すぎ》ノ下《した》学園をあきらめたことになっているようだ。それはちがう！　だけ

優《やさ》しい

ど、ぼくは**動揺**してしまい、自分の考えを説明することができなかった。

「タクちゃんは**要領**が悪いのよね。お兄ちゃんのときは、この時期からすでに杉《すぎ》ノ下《した》学園の合格ラインをクリアしていたわよ」

また出た、「お兄ちゃんのときは」。近ごろ母さんはこの言葉を**連発**する。これを言われるたびに、ぼくがどんな気持ちでいるか、母さんは考えたことあるんだろうか。無神経すぎるし、ぼくの話を聞こうともしない。だから、ぼくだって話す気がうせるんだ。

「それで、今、第一志望はどこにしているの？」

兄ちゃんの質問に母さんが答えた。

「楓《かえで》中学校なのよ」

「へえ。そこなら難関校ってほどじゃないから、杉《すぎ》ノ下《した》学園を第一志望にしてがんばっていけば、合格する力が**自然**と身につくと思うよ」

「そうよね。お兄ちゃんが言っているんだから、そうしたほうがいいわよ」

ぼくは、もう**異**を**唱**える気がしなくなって、無言で自分の部屋へ入った。

本当はわかっている。二人とも、悪気はないんだ。ぼくのためを思って言ってくれているんだ。でも、ぼくが志望校を楓《かえで》中にする理由を、なんでちゃんと聞こうとしてくれないんだ……。

五年生のころ、志望校について迷っていたら、松永《まつなが》先生にこう聞かれた。

動揺《どうよう》　要領《ようりょう》　連発《れんぱつ》
自然《しぜん》　異《い》を唱《とな》える

コレもよく出る！

★あの犯人は厳罰《げんばつ》に処《しょ》すべきだ。
★この世の万物《ばんぶつ》は変化している。
★その映画のラストは圧巻《あっかん》だった。
★かかった費用の内訳《うちわけ》を記す。
★魚を商《あきな》う店。

「タクトは将来、どんな職業に就きたいんだ？」

「実はぼく、ロボットの開発者になりたいんです」

「へえ、そうだったのか。おもしろそうな仕事だね。なあ、タクト、はっきりした目標があるなら、その道に進むために有利な学校へ入るっていう手もあるよ。もちろん、難関中学に進学して、大学受験をするときに、どんな職業を選択するか考えてもいい。でも、自分の夢が決まっているのなら、必ずしも進学校に進むことが最良とは限らないと思うんだ」

それを聞いて、ぼくは第一志望を工学に強い大学の附属《ふぞく》校、楓《かえで》大学附属《ふぞく》楓《かえで》中学校に決めたのだ。


次の日、ぼくは塾《じゅく》の授業が始まる前に、松永《まつなが》先生に話を聞いてもらった。

「お母さんがタクトとお兄さんを比べるのは、よくないなあ」

「受験へのモチベーションが下がります。ぼくは兄ちゃんとはちがうのに」

「でも、タクトも自分のそういう気持ちを、あきらめないでちゃんと伝えていかないと。**受験は親のためではなく、自分のためにするもの**だからね。今度お母さんの都合がよいときに来ていただいて、三人で話をしよう！」

「うーん……。わかりました。予定を聞いてみます」

数日後、母さんが塾《じゅく》へやってきた。松永《まつなが》先生が、ぼくがどうやって志望

職業《しょくぎょう》　就《つ》く　選択《せんたく》
必《かなら》ず　限《かぎ》る　比《くら》べる
都合《つごう》

校を決めたのかを、母さんにわかりやすく説明してくれた。

「それで、第一志望が楓《かえで》中だったの。言ってくれたらいいのに……」

「だって、いつも決めつけて、ぼくの話を聞こうとしてくれなかったし、兄ちゃんと比べてばかりいるから、ムカついていたんだ」

「お母さんには、お兄さんと比べるのではなく、お兄さんのときの受験の経験をいかして、タクトくんにふさわしい受験を**一緒**に考えてもらえたら、タクトくんも心強いはずですよ」

「なるほど、そうですよね。受験するのはタクトなんだし。今後は、タクトの**意思**を一番に**尊重**したいと思います。ごめんね、タクト。これからはなんでも話してね。それにしても、タクトの将来の夢がロボットの開発者だったなんて……」

夢のことを松永《まつなが》先生以外に打ち明けたのは初めてだった。母さんはどう思ったんだろう？　こわごわ見ると、母さんはとても**柔和**な表情をしていた。

「タクトは小さいころから、ロボットの本をよく読んでいたものね。母さん、応援《おうえん》するわ。一緒にがんばろうね！」

「うん。ありがとう、母さん」

ぼくはとてもひさしぶりに、母さんへの**感謝**の気持ちを**素直**に伝えることができたのだった。

一緒《いっしょ》　意思《いし》　尊重《そんちょう》
柔和《にゅうわ》　感謝《かんしゃ》　素直《すなお》

コレもよく出る！

★事故の原因を検証《けんしょう》する。
★その地域に伝承《でんしょう》される音楽を聴《き》く。
★作品の根底《こんてい》にあるのは平和への願いだ。
★海岸までは車で二時間の行程《こうてい》だ。
★田植えに備えて田んぼを耕《たがや》す。

受験に勝つ！

入試によく出る漢字②

10分

——の漢字をひらがなに、カタカナを漢字に、それぞれ直しましょう。〔1問1点〕

1 姉はうそをつく人を**嫌悪**する。

2 自分とはちがう意見も**尊重**する。

3 母が**客間**に花をかざる。

4 弟は**要領**がいい。

5 その日は**都合**が悪い。

6 **典型**的な江戸《えど》時代の建築物。

7 **感謝**の手紙を書く。

8 この学校を**志望**する理由。

9 思いがけない知らせに**動揺**する。

10 新しい仕事に**就**く。

11 赤と白、どちらかを**選択**する。

12 秘密を打ち明けるのは、約束を守る人に**限**る。

13 **障子**を破いてしかられる。

14 身振《みぶ》り手振《てぶ》りで**意思**を伝える。

15 **柔和**な声で話す先生。

16 祖父母と**同居**する。

17 私の家は**平屋建**てだ。

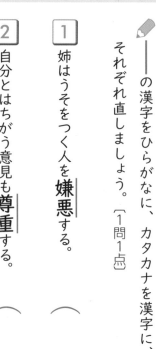

18 優勝できてシンソコうれしく思う。（　　　）

19 大勢の前でほめられてテれる。（　　　）

20 ぼくもイッショに行きたい。（　　　）

21 古いカオクが取りこわされる。（　　　）

22 学級会でテイアンしたこと。（　　　）

23 親コウコウな子ども。（　　　）

24 あの人はリッパな人だ。（　　　）

25 友だちはナンカンコウに合格した。（　　　）

26 ヤサしい人間になりたいと思う。（　　　）

27 交通事故がレンパツする。（　　　）

28 ゼッタイに試験に合格する。（　　　）

29 就きたいショクギョウを考える。（　　　）

30 料理の味をクラべる。（　　　）

31 祖母はメガネをかけている。（　　　）

32 チョウシに乗って失敗する。（　　　）

33 妹はスナオな性格だ。（　　　）

34 鳥の鳴き声をマネする。（　　　）

35 彼《かれ》の意見にイをトナえる。（　　）（　　）

点数チェック	
1回目	点
2回目	点
3回目	点

／35点

入試によく出る漢字②
答えとアドバイス
26・27ページ

1 けんお 「嫌」には「いや」という読み方もあります。
2 そんちょう 「価値のあるものとして大切にする」という意味です。
3 きゃくま 「間」には「部屋」という意味があります。
4 ようりょう 「ものごとの要点をつかむこと」という意味です。
5 つごう
6 てんけい 「代表的な」「手本になる」という意味です。
7 かんしゃ
8 しぼう
9 どうよう 「心がゆれ動く」という意味です。
10 つ

11 せんたく
12 かぎ
13 しょうじ
14 いし 「意思」…何かをしようという思いや考え。「意志」…ものごとを実現しようとする志。「遺志」…故人が生前持っていた志。
15 にゅうわ 「性質や態度がやわらかい」という意味です。
16 どうきょ
17 ひらやだ
18 心底
19 照 「照」は「しょう」とも読み、「照明」などと使います。
20 一緒 「緒」を「諸」とまちがえないようにしましょう。
21 家屋 「屋」を「おく」と読む言葉には、他に「屋上」「屋外」などがあります。
22 提案
23 孝行 「親などを大切にする」という意味です。

24 立派
25 難関校 「関」を「間」とまちがえないようにしましょう。
26 優 「優しい」…思いやりがあること。「易しい」…たやすいこと。わかりやすいこと。
27 連発
28 絶対
29 職業 「職」を「織」や「識」とまちがえないようにしましょう。
30 比
31 眼鏡 特別な読み方をする漢字です。覚えておきましょう。
32 調子
33 素直
34 真似 「似」を「以」とまちがえないようにしましょう。
35 異・唱 「反対の意見を言う」という意味です。

第3話

未来をイメージ

中学受験には、家族の協力が必要です。
しかし、ユウヤのお姉ちゃんは、ことあるごとにユウヤにからんできて……。

楓《かえで》中学校といえば、バスケットボールの全国大会の常連校だ。

小学五年生の夏、オレは楓《かえで》中のオープンスクールに参加した。授業も見学したけれど、一番見たかったのは、もちろんバスケ部の練習だった。

バンッバンッ！　パシッ！

体勢を低く保ったまま、床《ゆか》に打ちつけるような力強いドリブル。相手の一瞬《いっしゅん》のすきをついた素早《すばや》いパス。バスケットシューズの底が床《ゆか》にこすれてキュッキュッと鳴る。

練習とはいえ、先輩たちの表情は真剣そのもの。全国レベルの学校のプレーを目の当たりにしたのは、これが初めてだった。想像をはるかに上回る技術とスピード。毎日、相当な量の練習をこなしているんだろう。

ザンッと音がして、ゴールのネットがゆれる。

「すげえ、スリーポイントだっ！」

オレは興奮して、思わずさけんでしまった。周りの声援《せいえん》をかき消すくらいの大声で。ハッと我に返り、はずかしさに小さくなったオレに向かって、シュートを決めた先輩が親指を立ててくれた。みぞおちのあたりから、熱いものがこみ上げてくる。全身に鳥肌《とりはだ》が立つくらい感激していた。

決めた！

オレはなんとしてでも、この楓《かえで》中に合格する。そして、もちろんバスケ

体勢《たいせい》　保《たも》つ　底《そこ》
先輩《せんぱい》　真剣《しんけん》　目《ま》の当《あ》たり
想像《そうぞう》　技術《ぎじゅつ》　相当《そうとう》
興奮《こうふん》　熱《あつ》い　感激《かんげき》

部に入って、スリーポイントシュートを決めまくるんだ！

オレは、オープンスクールの日に見た、あのプレーを毎日思い出し、コートの中にいる自分の姿をイメージしながら、毎月のテストに挑んでいる。

「ただいま！」

玄関のドアを開けると、ひとつ年上の姉ちゃんが立っていた。

「おかえり。バスケばかのユウヤくん」

「ばかってなんだよ。ムカつくなあ。あれ、どっか行くの？」

姿《すがた》　挑《いど》む　玄関《げんかん》

コレもよく出る！

★母の実家に帰省《きせい》する。

★ドイツ文学の研究を専門《せんもん》とする。

★その店の元祖《がんそ》は明治時代の生まれだ。

★その都度《つど》、足りないものを買う。

★欲《ほ》しいものを手に入れようと画策《かくさく》する。

「うん。コンビニにお菓子《かし》買いにいこうと思って。ユウヤも行こうよ」

「オレは行かない。まったく、お菓子《かし》ばっか食うからデブるんだよ！」

「だれがデブだって？」

怒《おこ》った姉ちゃんがオレに回《まわ》し蹴《げ》りをしてくる。サッとかわして去ろうとしたオレの腕《うで》を、姉ちゃんがつかんだ。

「あんたさぁ、最近付き合い悪いよね。罰《ばつ》として一発ギャグどうぞ！　三、二、一、ハイッ！」

「えぇっ？　い、今やんの？　うーんと……」

姉ちゃんの無茶振《むちゃぶ》りに、オレはうまく反応できなかった。

「ブーッ、タイムオーバーです。最近、勉強ばっかりして、ギャグセンスがにぶってんじゃないの？　そんなんじゃ立派な芸人になれないよ！　あんた、まさか、ほんとに受験する気なの？」

「何回もそう言っているだろ！　つーか、いつオレが芸人目指したんだよ！」

オレはイラッとして少し語気を強めた。

「こわっ！　姉に対する態度が悪いよ。中学受験した友だちが言っていたけれど、家族の協力がないと大変なんだって。協力してほしかったら、もっと姉を敬いなさい！」

「なんだよ、それ。知らねぇよ。コンビニ行くなら、さっさと行けよ」

反応《はんのう》　態度《たいど》　協力《きょうりょく》
敬《うやま》う

「言われなくても行きますよう」

姉ちゃんはそう言って、玄関を出ていった。

オレはブツブツ**文句**を言いながら、自分の部屋へと向かった。

そういえばオレ、最近ギャグをかましていなかったかも。一発ギャグとバスケだけがオレの特技なのに……。

カバンを置くと、オレは机の引き出しを開けた。そこには、今は遠くの県にいるカナタから送られてきたハガキが入っている。

カナタはもともと、オレと同じ地域のバスケチームに入っていたが、家の都合で五年生のときに引《ひ》っ越《こ》したのだ。

すでに何度も何度も読んだそのハガキを、オレは改めて読み返した。

『ユウヤ、元気？　オレは元気！

中学校でもおたがいバスケを続けて、全国大会で会おうって約束、覚えている？　オレはあの約束を果たすため、バスケが強い学校を受験することにした。受験勉強って大変そうだけど、がんばるよ！

じゃあ、またな！』

カナタ、元気かな？　また一緒にバスケしたいな。

「ユウヤ、ご飯よ！」

階下から母さんの声が聞こえたので、オレはハガキを**元**の**位置**にしまう

文句《もんく》
元《もと》
位置《いち》

コレもよく出る！

★台風で河川《かせん》が増水する。
★デパートが謝恩《しゃおん》セールを行う。
★電車賃を機械で精算《せいさん》する。
★ビルの屋上から落陽《らくよう》を見つめる。
★勝ち目はないと引導《いんどう》をわたされた。

と、着がえて一階へ下りていった。

台所へ向かうと、夕飯の支度をしている母さんが、みそ汁《しる》をよそっているところだった。姉ちゃんはまだコンビニから帰ってきていない。

「姉ちゃんがさあ、オレの受験のこと、とやかく言ってくるんだけど……」

オレの愚痴《ぐち》に対する、母さんの反応は意外なものだった。

「寂しいんじゃない？」

「はあ？」

「だって、幼稚園《ようちえん》、小学校と一緒だった弟が、中学は別だって言っているんだもの。年子《としご》だから、一年経ったらユウヤが同じ中学に入学してくるって思っていたのに、来ないってわかって寂しいんでしょ」

あの姉ちゃんが、そんなこと考えるかなあ。オレは疑問に思った。

「そうだと仮定しても、オレはやっぱり受験したいから」

「そうよね。この前、お姉ちゃんとお父さんに、ユウヤの受験のこと、なるべくみんなで協力しようって話したのよ。一緒にがんばりましょう」

「ありがとう、母さん」

母さんの言葉に、オレはちょっと泣きそうになってしまった。

母さんが話してくれたせいか、今までオレの受験にまるで関心がなかった父さんの態度が変化してきた。

台所《だいどころ》　支度《したく》　意外《いがい》
寂《さび》しい　経《た》つ　疑問《ぎもん》
仮定《かてい》　泣《な》く　関心《かんしん》

「父さんはな、子どものころ算数が得意だったんだ」

「ほんと？　オレ、算数が苦手なんだ。わからない問題があるから教えて」

「どれどれ。ああ、これは公式を覚えていないからできないんだよ」

「公式？　教わっていないよ。そもそもそれ、中学生のやり方じゃないの？」

「答えが出れば同じだろ。解き方を丸暗記しておけばいいんじゃないか？」

「同じじゃないよ。『**答えが合っているだけではだめだよ。どうしてそういう答えになるのか、ちゃんと説明できることが大切なんだ**』って松永《まつなが》先生が言っていた。人に説明できなければ、その問題を理解したことにならないんだって。丸暗記したからって、説明できたことにならないでしょ」

「おー、たしかにそれは一理あるな。ハハハ、ユウヤに一本取られたな」

この話を塾《じゅく》で松永《まつなが》先生にしたら、先生はうれしそうな顔をしていた。

「人間は、理解せずにあやふやのまま次に進んでしまうことがよくあるんだ。大切なのは、**わかったつもりにならない、わかったふりをしない**こと。説明するって無意味に感じるかもしれないけれど、ひとつひとつの問題をしっかり理解して次に進んだほうが、学習効果は何倍にもなるんだよ。よし、それじゃ、この問題の解き方を、先生に説明してくれるかい？」

「えーっ、今すぐ？　それはちょっと……」

今度は松永《まつなが》先生の無茶振《むちゃぶ》りにあわてるオレだった。

得意《とくい》　覚《おぼ》える　効果《こうか》

コレもよく出る！

★彼《かれ》は衆目《しゅうもく》を集めるほどの美男子だ。
★氷穴《ひょうけつ》を見学する。
★古文書《こもんじょ》を読み解く。
★自らを省《かえり》みる。
★山々が連《つら》なる景色。

受験に勝つ！

入試によく出る漢字③

10分

――の漢字をひらがなに、カタカナを漢字に、それぞれ直しましょう。〔1問1点〕

1 学校の**先輩**に道で会う。（　　）

2 冷静さを**保**つ。（　　）

3 オリンピックを見て**興奮**する。（　　）

4 話しかけたときの**反応**がにぶい。（　　）

5 腹を立てて**文句**を言う。（　　）

6 美しい景色を見て**感激**する。（　　）

7 **疑問**に思ったことは聞くのがよい。（　　）

8 高い山の登頂に**挑**む。（　　）

9 友だちに会えなくて**寂**しい。（　　）

10 店の**位置**を確認《かくにん》する。（　　）

11 お年寄りを**敬**う。（　　）

12 急に**真剣**な顔になる。（　　）

13 泊《とま》りにいくための**支度**をする。（　　）

14 信じられない光景を**目**の**当**たりにする。（　　）（　　）

15 **相当**な金額の器。（　　）

16 クラスがえをしてから三か月が**経**つ。（　　）

17 薬の**効果**が出る。（　　）

18 タイセイをくずしてたおれる。（　　）

19 もし自分が鳥だったらとソウゾウしてみる。（　　）

20 携帯《けいたい》電話を作るギジュツ。（　　）

21 アツいお茶をいれる。（　　）

22 ゲンカンでくつをぬぐ。（　　）

23 そんなタイドはよくないよ。（　　）

24 キョウリョクして荷物を運ぶ。（　　）

25 ダイドコロでおやつを食べる。（　　）

26 先生がマンガを読むとはイガイだ。（　　）

27 なべのソコをきれいにする。（　　）

---

28 算数はトクイ科目だ。（　　）

29 全国の県庁所在地名をオボえる。（　　）

30 悲しみのあまりナく。（　　）

31 外国の話にカンシンがある。（　　）

32 となりの犬がスガタを見せる。（　　）

33 明日は雨だとカテイして準備をする。（　　）

34 使ったボールをモトにもどす。（　　）

点数チェック	
1回目	点
2回目	点
3回目	点

／34点

入試によく出る漢字③

答えとアドバイス

36・37ページ

1 せんぱい 「輩」は「非」に「車」と書きます。

2 たも

3 こうふん 「興」は「きょう」とも読み、「興味」などと使います。

4 はんのう

5 もんく

6 かんげき

7 ぎもん 「疑」を「凝」や「擬」とまちがえないようにしましょう。

8 いど

9 さび

10 いち

11 うやま 「相手を大事に思い、ていねいに接する」という意味です。

12 しんけん

13 したく

14 ま・あ 「目の当たりにする」は「すぐ目の前で見る」という意味です。

15 そうとう 「かなりの程度」という意味です。

16 た 特別な読み方です。覚えておきましょう。

17 こうか

18 体勢 「体の構え」という意味です。「体制」や「態勢」とまちがえないように!

19 想像

20 技術 「術」を「述」とまちがえないようにしましょう。

21 熱

22 玄関

23 態度 「態」を「能」や「熊」とまちがえないようにしましょう。

24 協力 「力」を三つ合わせて「協」力する、と覚えましょう。

25 台所

26 意外 「考えていたこととちがっていること」という意味です。

27 底 最後の一画の横棒を忘れずに書きましょう。

28 得意 「得」を「特」とまちがえないようにしましょう。

29 覚

30 泣 部首は「さんずい」です。

31 関心 「感心」(17ページ30)との使い分けに注意しましょう。

32 姿 「次」に「女」と覚えましょう。

33 仮定 『もしそうだとしたら』と考える」という意味です。

34 元 「下」「本」「基」との使い分けに注意しましょう。

第4話 ミスさえなくせば

順調に成績を上げているものの、
ケアレスミスで模試の点数を落としてしまったココナ。
ミスをなくすための対策を、松永《まつなが》先生に教わります。

この前受けた模試の結果が出た！

大きく息を吸ってから、成績表を見るあたしに、松永《まつなが》先生が言った。

「ココナ、がんばっているな。また成績が上がったね」

「ほんとだ！」

自然と声が弾んだ。国語も算数も、少しずつだけれど上がっている。六年生になってから、成績は上がる一方だ。本の虫みたいなあたしが、読書をする時間をけずって勉強をしているんだから、上がってくれなくちゃ困るんだけれど……。

「ん？　あれ、これって」

喜色満面だった顔が急に険しくなったのを見て、松永《まつなが》先生はあたしの気持ちを察したように言った。

「そうだな。第一志望校の合格ラインには、あと一歩ってところだね」

「うーん。まだまだ足りないかあ……」

あたしは深いため息をついた。

「おいおい、そんな絶望的な顔をするには、まだ早すぎるよ」

「だって、今でも十分がんばっているつもりなのに、まだまだがんばらなくちゃいけないってことでしょう？　やりたいこと、こんなに我慢《がまん》しているのに。本当はもっと、愛読書である不思議な物語を読んだり、自由に

結果《けっか》　吸《す》う　弾《はず》む
困《こま》る　喜色満面《きしょくまんめん》　険《けわ》しい
足《た》りる　絶望的《ぜつぼうてき》　不思議《ふしぎ》

童話を書いたりしたい」

思わず本音がぽろりと出ちゃう。パパやママには言いにくいことでも、松永《まつなが》先生にはつい、言っちゃうんだよなあ。

「ココナの場合、算数のケアレスミスがもったいないんだよな。わかっていたのにまちがえてしまったってこと、多いだろう？」

そうかも。今回の模試でも、最後の最後で約分するのを忘れたり、単位を読みちがえたり、数字を写しまちがえたりっていうミスが多かったな。

「そういうミスをしなくなったら、『第一志望の合格ライン突破《とっぱ》！』という目標を達成できそうだね」

「たしかに……。ケアレスミスが多いって、四年生のころから先生に言われている。でも、どうしたら、こういうミスを防げるの？」

「まずは、決められた時間内で、集中して問題を解く練習をくり返しやること。それから、これまでのテストを見直して、どんなミスをしたか、自分で分析《ぶんせき》してみよう！」

「分析《ぶんせき》って、どんなふうにやるの？」

「最初は、一緒にやってみようか。次に塾《じゅく》へ来るとき、算数のテストを持っておいで」

「はいっ！」

童話《どうわ》　本音《ほんね》　達成《たっせい》

防《ふせ》ぐ

コレもよく出る！

★作家の直筆《じきひつ》のサインをもらう。
★広く門戸《もんこ》が開かれる。
★浜辺《はまべ》をジョギングする。
★機械の内部が破損《はそん》する。
★綿密《めんみつ》な調査の結果をまとめる。

ケアレスミスをなくせば、まだまだ成績が上がる。そう思うと、希望とやる気がわいてきた。

あまりに集中しすぎて、ママが「ご飯よ」と呼ぶ声に気づかなかった。そんなあたしを、ママが部屋までむかえにきてくれた。

「ココナ？　あら、読書をしているんじゃないのね。何しているの？」

そう言うママに、あたしは複数のテストの答案を見せた。

「明日、算数のケアレスミスをしてしまう原因を、松永《まつなが》先生と分析《ぶんせき》するから、今は算数以外の教科の復習をまとめてやっておこうと思って。読書は寝《ね》る前のちょっとしか、自分に許していないんだよぅ」

「そうだったの。いつもご飯の時間を楽しみにしているココナがなかなか食卓《しょくたく》に来ないから、胃腸の調子でも悪いのかと思ったわ。健康が第一だから、ご飯はちゃんと食べること！」

「はあい」

夕食後も、すぐに部屋にこもって勉強し始めたあたしに、ママが温かいお茶を持ってきてくれた。そして、

「ココナ、無理しないでね。ママはココナの受験を応援《おうえん》しているけれど、やっぱり体が一番大事だから。受験しない子だっていっぱいいるんだし……」

複数《ふくすう》　許《ゆる》す　胃腸《いちょう》
健康《けんこう》　温《あたた》かい

と、めずらしく真顔で言った。

あたしが通う小学校では、中学受験をする人はクラスの三分の一くらい。仲のいい友だちは、ほとんど受験はしない。

でも、あたしはあたし。すてきな制服の女子校で、楽しい中学校生活を送るっていう夢をかなえたい！

あたしは三年生のころから、ある小説のシリーズにずっとはまっていて読み続けている。あこがれている椿《つばき》が丘《おか》女子中学校の清楚《せいそ》で美しいデザインの制服は、その小説に出てくる主人公たちの制服にどこか似ているんだ。

「ママ、あたしなら大丈夫《だいじょうぶ》。受験のことはあたしに任せて！　松永《まつなが》先生がついていてくれるしね」

次の日の放課後、あたしは早めに塾《じゅく》へと向かった。

「松永《まつなが》先生！　算数のテスト、持ってきたよ」

「よし、それじゃあ分析《ぶんせき》していこう！」

あたしは机の上に、算数のテストを広げた。

「まず、解き方はわかっていたのにミスをしてしまった問題の解答に、印をつけよう」

「はい。これも、これも……。うーん、我ながらミスが多いなあ」

「まあまあ、そう悲痛な顔をしないで。自分のミスから目を背けないこと

真顔《まがお》　似《に》る　任《まか》せる
放課後《ほうかご》　解答《かいとう》　悲痛《ひつう》
背《そむ》ける

コレもよく出る！

★草木が繁茂《はんも》する庭。
★ブレーキでタイヤの動きを制御《せいぎょ》する。
★家業を継《つ》ぐ。
★先生に敬意《けいい》を払う。
★料理は作る人によって差異《さい》がある。

が、大きな成長につながるから」

「大きな成長？」

「たとえば、このテスト、ココナが印をつけた問題を全部正解していたら、何点アップする？」

「えーと、十二点！」

「それだけあれば、第一志望の合格ラインに達するだろう？」

「ほんとだ。ミスさえしなければ、結構いい点を取れるんだ」

「そう。だから、あとはどういうミスをしたかをノートに書き出して、それを防ぐための注意点を書いておこう。実際にテストを受けるときには、必ずその注意点を思い出して、見直しをすること。これを徹底《てってい》していけば、ミスはどんどん減っていくよ」

成長《せいちょう》　達《たっ》する　結構《けっこう》
実際《じっさい》　減《へ》る

「わかった！　やってみる！」

あたしは机の前の壁《かべ》に、ミスを防ぐためのメモをはるようになった。

『答えが分数のときは約分を忘れない！』『文章題では、特に単位に注意！』

毎日、こんな内容を書いたメモを見ながら算数の問題を解く。

解いているのは、テストでミスをしてしまった問題を集めたものだ。

何度も何度も解き直して、最後にメモを見て、もう一度確認《かくにん》。

これをくり返しているうちに、だんだんミスが減っていった。

「失敗の数は多くても、それをちゃんと次にいかせる人ほど、合格に近づくことができるんだよ」

松永《まつなが》先生の言葉が、頭の中にひびいている。うん、ミスしたって、ちゃんと取り返せばいいんだ。あたしは心の中で、松永《まつなが》先生に深く感謝した。

ある日の塾《じゅく》からの帰り道、あたしは椿《つばき》が丘《おか》女子の制服を着ている女生徒の姿を目撃《もくげき》した。濃紺《のうこん》のワンピースの胸元にベルベットのリボンを結び、りんとした姿で歩いている先輩は、生き生きと輝《かがや》いているように見えた。

ああ、やっぱりすてき！　あの制服を着るために、骨身を惜《お》しまずがんばろうと、あたしは改めて決意したのだった。

失敗《しっぱい》　結《むす》ぶ　骨身《ほねみ》

コレもよく出る！

★百年という年月を経《へ》る。
★命の大切さを説《と》く。
★仏だんに花を供《きょう》する。
★海底で油田《ゆでん》が発見される。
★風聞《ふうぶん》にまどわされず事実を確かめる。

受験に勝つ！

入試によく出る漢字④

10分

――の漢字をひらがなに、カタカナを漢字に、それぞれ直しましょう。〔1問1点〕

1 顔に**喜色**があふれる。（　　）

2 きみにピッチャーを**任**せるよ。（　　）

3 **健康**によいといわれる食べ物。（　　）

4 **真顔**で真剣に話す。（　　）

5 気温が三十度に**達**する。（　　）

6 ぼくは体の**成長**が早いほうだ。（　　）

7 悲しい知らせを聞いて、彼女《かのじょ》は**悲痛**な声を上げた。（　　）

8 いやなことから目を**背**ける。（　　）

9 問題の**解答**は最後のページにある。（　　）

10 父が**胃腸**の薬を飲む。（　　）

11 姉が作る料理は**結構**おいしい。（　　）

12 その国に**実際**に行ってみたい。（　　）

13 大きな買い物をして貯金が**減**る。（　　）

14 **不思議**な体験をする。（　　）

15 厳しい寒さが**骨身**にこたえる。（　　）

16 悪口を言われたことを**許**す。（　　）

17 うれしい知らせを聞いて心が**弾**む。（　　）

18 ドウワの登場人物。（　　）

19 説得がシッパイに終わる。（　　）

20 そんなことを言われてもコマる。（　　）

21 ケワしい山を登る。（　　）

22 ホウカゴに公園で集まろう。（　　）

23 残念なケッカに終わった。（　　）

24 ホンネで話がしたい。（　　）

25 言葉づかいが姉にニる。（　　）

26 水もれをフセぐしくみ。（　　）

27 フクスウの答えがある。（　　）

28 きれいな空気をスう。（　　）

29 長い髪《かみ》をムスぶ。（　　）

30 ゼツボウ的な気分になる。（　　）

31 あの人は心がアタタかい。（　　）

32 睡眠《すいみん》時間は八時間あればタりる。（　　）

33 新記録をタッセイする。（　　）

点数チェック	
1回目	＿＿点
2回目	＿＿点
3回目	＿＿点

／33点

入試によく出る漢字④

答えとアドバイス

46・47ページ

1 きしょく
「うれしそうな顔や様子」という意味です。

2 まか

3 けんこう
「健」を「建」とまちがえないようにしましょう。

4 まがお
「真面目《まじめ》な顔つき」という意味です。

5 たっ

6 せいちょう

7 ひつう

8 そむ

9 かいとう
「質問に答える」という意味のときは「回答」と書きます。

10 いちょう

11 けっこう
「構」を「講」とまちがえないようにしましょう。

12 じっさい
「際」は「祭」に「こざとへん」と覚えましょう。

13 へ

14 ふしぎ
「議」を「義」とまちがえないようにしましょう。

15 ほねみ
「骨身にこたえる」は、「全身に強く感じる」という意味です。

16 ゆる

17 はず

18 童話

19 失敗

20 困
くにがまえの中は「木」。「因」とまちがえないようにしましょう！

21 険
「剣」や「検」とまちがえないようにしましょう。

22 放課後

23 結果

24 本音
「本心からの言葉」という意味。反対の言葉は「建前」です。

25 似
「以」に「にんべん」と覚えましょう。

26 防

27 複数
「複」を「復」とまちがえないようにしましょう。

28 吸

29 結

30 絶望
「希望を失う」という意味です。

31 温
「温かい」…(例)心が温かい。温かいスープ。
「暖かい」…(例)暖かい部屋。

32 足

33 達成

第5話 オープンスクール

ココナは、エマとともに
椿《つばき》が丘《おか》女子中学校のオープンスクールに参加することに。
そこで、ある事件が起きます。

塾《じゅく》の授業が始まる前、あたしはエマ、タクト、ユウヤと雑談をしていた。

いつもテンションの高いユウヤが、財布をあたしたちに見せながら、

「どう？　新しい財布。お年玉貯金をくずして買ったんだ。ハウマッチ？」

と聞いてきたので、値段をみんなで予想した。ビニール製の財布は、スポーツブランドのものだし、デザインもなかなかかっこいい。

「五千円とか？」

思ったよりもずっと高い金額を言ったのに、ユウヤが、

「ピンポーン！」

とさけんだのでびっくりした。高い買い物をしたせいで、せっかくの財布の中には硬貨しか入っていないらしい。ユウヤらしいなあ。

こんなたわいないことで談笑していられるのも、今のうちかもしれない。

だって、受験勉強の最大の山場といわれる夏休みが、刻一刻とせまってきているんだから。

授業が始まる時間になって、それぞれ席に着く直前に、エマがあたしに耳打ちした。

「あとで相談したいことがあるんだけど……」

エマは少し深刻な表情だった。

「いいよ！　もちろん」

雑談《ざつだん》　財布《さいふ》　貯金《ちょきん》
値段《ねだん》　硬貨《こうか》　談笑《だんしょう》
最大《さいだい》　一刻《いっこく》　深刻《しんこく》

「ありがと、ココナ」

まだ話も聞いていないのに、エマの**声色**は少し明るくなった。


「それで、相談って？」

授業が終わって、エマのママがむかえにくるまでの間、あたしたちは塾《じゅく》の廊下《ろうか》で話をした。


「うん、ココナはもう、第一志望校、決めているんだよね」

「一応ね。まだ合格ラインには**届**いていないんだけど。エマは？」

「私は、最初は男女共学の学校がいいって思っていたんだけど、ココナの話を聞いているうちに女子校も楽しそうだなって思って。真似したわけじゃないんだけど……。ただね、今まで女子校について特に調べていなかったから、授業の雰囲気とか、どんな感じなのかわからなくて」

「そうだったんだ！　じゃあさ、椿《つばき》が丘《おか》女子のオープンスクールに行ってみない？　まだ、申しこみできるよ。授業や部活に参加できるんだって」

「わあ、行ってみたい！」

こうして、あたしとエマは、椿《つばき》が丘《おか》女子中学校のオープンスクールへ行くことにした。

声色《こわいろ》　届《とど》く

コレもよく出る！

★心ない発言のせいで場が白《しら》ける。
★鳥類の**博士**《はかせ》といわれる人。
★**無造作**《むぞうさ》に置いた服。
★祖父は**老練**《ろうれん》な家具職人だ。
★税務署の**査察**《ささつ》が入る。

オープンスクールの当日、あたしとあたしのママ、エマとエマのママの四人で、椿《つばき》が丘《おか》女子を訪ねた。

「わあ！　建物が広くてきれい！」

「やっぱり、制服がすてきだなあ」

興味津々《しんしん》で、あたりをキョロキョロと見回していると、在校生に声をかけられた。

「オープンスクールに参加される方ですね。こちらへどうぞ」

「はいっ！」

あたしもエマも緊張して、甲高い声で返事をしてしまった。今日が入試本番ってわけでもないのに。

そんなあたしたちを、うちのママがからかって言う。

「もう、二人ともカチコチになりすぎよ～」

エマのママがぷっとふき出した。それにつられて、あたしたちも笑い合った。一気に場が和み、あたしもエマも、やっとリラックスできた。

校舎はどこを見ても清潔で、明るい雰囲気に満ちていた。

コンピューター室には、ひとり一台のパソコンが備わっているし、広い校庭や体育館の他、温水プールまであって、勉強にも運動にもしっかり取り組める環境《かんきょう》が整っている。

訪《たず》ねる　興味津々《きょうみしんしん》　甲高《かんだか》い
和《なご》む　清潔《せいけつ》　備《そな》える

先輩たちの表情も明るく**開放的**で、ここで毎日のびのびと学んでいる様子がうかがえた。女子校だから、おとなしい感じなのかなと思っていたけれど、全然ちがう。むしろ、みんな活発そうな**印象**だった。

椿《つばき》が丘《おか》女子のオープンスクールでは、授業の見学や体験をしたり、興味のある部活の練習に参加したりすることができる。

あたしとエマは、英語の授業を見学した。

この学校は、英語教育に特に力を入れている。大学入試**対策**ももちろんだけれど、海外で実際に使える英語を身につけることに重点を置いている。

どんどんグローバル化が進むこれからの時代、いろいろな文化を**背景**に持つ人たちと交流する**機会**は増えるだろう。だから、英語を話す力は**不可欠**だと思う。

外国人の先生の授業は、一方的に先生が話すのではなく、どんどん質問を投げかけて、みんなが積極的に参加できるようになっていた。まちがってもいいから、自分の意見を言うことが大切らしい。生徒も**熱心**だし、先生も情熱をもってそれに**応**えている。

開放的《かいほうてき》　印象《いんしょう》　対策《たいさく》
背景《はいけい》　機会《きかい》　不可欠《ふかけつ》
熱心《ねっしん》　応《こた》える

コレもよく出る！

★食事代を折半《せっぱん》する。
★さまざまな職業を疑似《ぎじ》体験する。
★養蚕《ようさん》がさかんな山間の村。
★余計なことを言って墓穴《ぼけつ》をほる。
★猟師《りょうし》の一撃《いちげき》でクマは退散した。

何より、笑いが絶えない楽しい授業っていうところが、あたし的にはポイントが高かった。

授業のあとは、吹奏楽部《すいそうがくぶ》の練習を見学した。打楽器を借りて、少しだけ演奏に参加させてもらって、とてもおもしろかった。

「あ〜、楽しかった。あたし、やっぱりここを受験する！　エマは？」

振《ふ》り向《む》くと、エマはいなかった。数メートル後ろにいて、何やらおろおろしている。かけ寄って何があったのか聞くと、泣きそうな声で答えた。

「カバンにつけていたお守りがないの。落としたみたい。おばあちゃんがくれた大事なものなのに……」

「ウソッ⁉」

さわいでいると、授業を終えた先輩たちが二、三人集まってきた。事情を話すと、みんなテキパキとした様子で、

「ここで待っていてくれる？　サヤカ、校内放送して！　ミキは事務室に届いていないか確認《かくにん》ね。私はオープンスクールで使った教室を見てくるわ！」

と言い残し、あっという間にいなくなってしまった。

今にも泣きそうなエマをなぐさめながら待っていると、やがて他の二人に指示を出していた先輩がかけつけてくれた。息を切らしながら、

「これで合っている？」

絶《た》える　借《か》りる　演奏《えんそう》
指示《しじ》　息《いき》

と先輩が開いた手には、エマのお守りがのせられていた。

「それですっ！　ありがとうございますっ！」

「よかった！　春に、またここで会いましょうね」

さわやかな笑顔でそう言い残し、さっそうと去っていく先輩の後ろ姿に、エマはもちろん、あたしもママたちも惚《ほ》れそうになってしまった。

この学校の人たちは、ひとりひとりがすてきに見える。来年は、ここで受験生をむかえる側になりたいな。そう思うあたしだった。

コレもよく出る！

★教会が厳《おごそ》かな雰囲気に包まれる。
★新しい勢力が台頭《たいとう》する。
★市民への説明の場を設《もう》ける。
★お客様からの注文を承《うけたまわ》る。
★つじつまを合わせるために細工《さいく》する。

受験に勝つ！

入試によく出る漢字⑤

8分

――の漢字をひらがなに、カタカナを漢字に、それぞれ直しましょう。〔1問1点〕

1 必要不可欠な部品。（　　）

2 声色を変えて話す。（　　）

3 温かいお茶を飲んで気持ちが和む。（　　）

4 財布を家に忘れる。（　　）

5 五百円硬貨。（　　）

6 談笑する声が聞こえる。（　　）

7 その話には興味がない。（　　）

8 甲高い声で話す人。（　　）

9 雑談をして楽しむ。（　　）

10 部屋を清潔に保つ。（　　）

11 熱心に勉強する。（　　）

12 校庭が開放される。（　　）

13 みんなの期待に応える。（　　）

14 山を背景に写真をとる。（　　）

15 非常食を買って災害に備える。（　　）

16 商品の値段を見て考える。（　　）

17 初めて会ったときの印象。（　　）

18 チョキンを使い果たす。

19 サイダイ公約数を求める。

20 イッコクも早く解決してほしい。

21 寒さでイキが白くなる。

22 合格通知がトドく。

23 友だちから本をカりる。

24 試験に向けてタイサクを練る。

25 告白のキカイをうかがう。

26 消息がタえる。

27 手土産を持って親戚《しんせき》をタズねる。

28 オーケストラのエンソウを聴《き》く。

29 先生からのシジを待つ。

30 シンコクな話をする。

点数チェック	
1回目	点
2回目	点
3回目	点

/30点

入試によく出る漢字⑤

答えとアドバイス

56・57ページ

1 ふかけつ
「なくてはならない」という意味です。

2 こわいろ

3 なご

4 さいふ

5 こうか
硬貨は金属でできたお金のことをいいます。

6 だんしょう
「楽しく語り合う」という意味です。

7 きょうみ

8 かんだか

9 ざつだん
「気楽にいろいろな話をする」という意味です。

10 せいけつ

11 ねっしん

12 かいほう
「開放」…場を開け放すこと。
「解放」…とらえていたものを自由にすること。

13 こた
「応える」…働きかけに応じること。
「答える」…呼びかけにこたえること。

14 はいけい

15 そな

16 ねだん

17 いんしょう
「象」を「像」とまちがえないようにしましょう。

18 貯金

19 最大
「もっとも大きい」という意味。反対の言葉は「最小」です。

20 一刻

21 息

22 届

23 借
「貸す」の「貸」とまちがえないようにしましょう。

24 対策

25 機会
「機械」とまちがえないようにしましょう。

26 絶

27 訪
「訪問する」という意味のときに使う漢字です。

28 演奏

29 指示
「指示」…指し示すこと。
「支持」…支えること。

30 深刻

第6話 ママとの衝《しょう》突《とつ》

塾《じゅく》のテストの結果が悪く、落ちこむエマ。
そんなとき、お母さんの何気ない一言から、言い合いになってしまいます。

六月最後の日曜日。この日、五歳《さい》から通い続けてきたバレエ教室の発表会が行われた。これが、私にとって最後の発表会となる。

バレエは、小学校卒業までは続けるつもりだった。でも、受験をする道を選んだため、これ以上続けるのは難しいと判断し、この日を最後にバレエ教室をやめることにしたのだ。

シューズをはくと、いつだって自然と背筋がのびる気がする。肩甲骨を内側へ寄せて、胸を大きく開く。腹や首筋を縦に細長くのばすよう意識する。足や腕《うで》の力はぬきつつも、指先まで神経を使うのを忘れずに……。

いつも先生に言われていた言葉が、次々と脳裏にうかびあがってくる。

もうすぐ出番だ。心臓が今にも飛び出しそう。結局、最後まで、緊張しないで舞台《ぶたい》に臨むことはできなかったな。

つい、感傷的な気分になってしまうけれど、今はおどることだけに集中しよう。先生の指導のもとに練習にはげんだ日々を思い出しながら……。

そう決意して、私は最後の舞台《ぶたい》へ飛び出していった。そして、今まで以上に懸命におどった。

客席ではパパとママが、おばあちゃんの写真と一緒に見守ってくれている。天国のおばあちゃんのところまで届くといいな。

「エマちゃん、とてもよかったわ。長い間、本当によくがんばったわね」

判断《はんだん》　背筋《せすじ》　肩甲骨《けんこうこつ》
胸《むね》　腹《はら》　首筋《くびすじ》
意識《いしき》　神経《しんけい》　脳裏《のうり》
心臓《しんぞう》　結局《けっきょく》　臨《のぞ》む
感傷的《かんしょうてき》　指導《しどう》　懸命《けんめい》

出番を終えて舞台《ぶたい》をあとにした私を、先生がだきしめてくれた。感涙にむせぶ私に、同じ教室の仲間たちが花束をプレゼントしてくれた。

　こうして、私のバレエ人生は幕を下ろした。それと同時に、本格的な受験生活が開幕したのである。

　バレエをやめて、勉強に本腰《ほんごし》を入れようとした矢先、塾《じゅく》のクラスがえのテストの成績が悪く、私はひとつ下のクラスに落ちてしまった。

　ユウヤも同じだった。だけど、ココナとタクトはハイクラスのままで、私たち四人ははなればなれになってしまった。

「クラス落ちるとか、あせるじゃん……。あっ、アセルバイジャン！」

　ユウヤが私に話しかけながら、急にダジャレを思いついて言い直している様子がおかしくて、私はぷっとふき出してしまった。

「アセルじゃなくて、アゼルバイジャンじゃなかった？」

「そうだっけ？　ところでエマ、バレエやめたんだって？」

　バレエと言いつつ、アタックを打つふりをするユウヤ。

「それはバレーボールでしょ！　……そう、勉強に専念しようと思って。今まで、テストの成績が悪かったときは、『今はまだバレエをしているから仕方ないんだ』ってバレエを言い訳にしてきたのに、やめてからクラス

感涙《かんるい》　開幕《かいまく》　専念《せんねん》

コレもよく出る！

- ★果物がよく熟《う》れる。
- ★戦国時代に合戦《かっせん》があった場所。
- ★学級委員を固辞《こじ》する。
- ★温泉でしばらく湯治《とうじ》する。
- ★害虫を退治《たいじ》する。

が落ちるなんて、なんかはずかしい……」

「はずかしくなんかないと思うけど。でも、まあ、テンション下がるよな」

めずらしく、ユウヤも元気がなさそうだった。


塾《じゅく》までむかえにきてもらって、車で帰る途中《とちゅう》、ママがこんなことを言い出した。

「ユナちゃんはね、小六の夏休みは一日十二時間も勉強したんだって」

ユナちゃんとは、名門私立中学に通う、私のいとこだ。私が私立中学を受験しようと決意するきっかけとなった人物でもある。

ユナちゃんにはずっとあこがれていて、もちろん大好きだ。でも、ひとつ下のクラスへ落ちてしまった今の私に、それはカチンとくる一言だった。

「何その、エマとちがってユナちゃんは立派みたいな言い方」

「やだ。そんなつもりじゃないわよ」

ママがあわてて弁解する。

「そういうつもりでしょ。バレエやめたんだから、十二時間勉強しろって言いたいんでしょ！　はっきり言えばいいのに、ママって性格悪い！」

つい、口調が厳しくなる。つられたように、ママの語気も強まった。

「だれのための受験だと思っているのよ！　エマのためでしょ！」

口調《くちょう》　厳《きび》しい

「うるさいな！　言われなくたって、そんなのわかっているよっ！」

受験のことでママと言い合いになったのは、これが初めてかもしれない。

夕飯の時間も、ママとわたしの間には険悪なムードが漂っていた。

「どうしたの二人とも？　なんでそんなに機嫌が悪いんだ？」

パパも困惑《こんわく》気味だ。

「ごちそうさま」

目を伏せ、蚊《か》の鳴くような声でそう言って、私は自分の部屋へもどった。

ママとずっとこんな状態だったらいやだな。そう思うけれど、今さらどう

険悪《けんあく》　漂《ただよ》う　機嫌《きげん》
伏《ふ》せる　状態《じょうたい》

コレもよく出る！

★神社の境内《けいだい》で祭りが行われる。
★テレビ番組は専《もっぱ》らその話題でもちきりだ。
★大枚《たいまい》をはたいて、新しいカメラを買う。
★見境《みさかい》なく首をつっこむ。
★かわいい雑貨《ざっか》を集める。

していいかわからない。机の上には、学校の宿題と塾《じゅく》の宿題が積んである。それを見ていると、ますます気持ちがしずんだ。

バレエをやめたら、もっと勉強が楽になると思っていたけれど、そんなことはなかった。相変わらず宿題は多いし、授業は難しい。なんとかついていっているつもりだったのに、下のクラスに落ちてしまった。くやしい！どうして、がんばっているのにいい結果が出ないの？ 同じ志望校を目指すココナより下のクラスにいて、ちゃんと合格できるのかな？

いろいろな思いが押《お》し寄《よ》せてきて、涙《なみだ》があふれてきた。

「エマ、開けてもいいかな？」

ドアをノックする音がして、パパが入ってきた。

パパの優しい笑顔を見たとたん、私はわあわあと声をあげて、一層激しく泣いてしまった。パパはだまってとなりに座ると、なかなか泣き止まない私の背中を優しくさすってくれた。

「エマ、誤解しないでほしいんだけど、ママだって、エマに無理やり受験させたいわけじゃないんだ。エマが自分で入りたいと思った学校に入って、楽しい中学校生活を送ってほしいと思っているだけだよ」

私はうなずいた。つらくないと言ったらウソになるけれど、私はやっぱり自分で選んだ学校に合格して、そこで中学校生活を送りたい。

積《つ》む　相変《あいか》わらず　一層《いっそう》
激《はげ》しい　誤解《ごかい》

それに、本当はわかっている。ママが一番、応援《おうえん》してくれて、一番、心配していることを。塾《じゅく》への送りむかえやお弁当作りなど、ママだって一緒に大変な思いを味わってくれているんだ。

それなのに、**感情**をおさえきれずに食ってかかったりして……。

私は居間へ行き、ソファーに座っているママの後ろ姿に向かって自分の**過ち**を**謝罪**した。

「ママ、さっきはごめんなさい。ひどい言い方しちゃって……。私、ハイクラスから落ちたことがつらくて……」

「ママもごめんね。受験がつらいならやめてもいいのよ」

「ううん、やめたくない。私、やっぱり、もっとがんばりたい！　これからも協力してくれる？」

「もちろん！　松永《まつなが》先生が『**受験を乗り切るには、親子で受験を楽しむくらいの気持ちでいることが大切です**』って言っていたものね。ママももっと楽しまないと！」

「ママ、ありがとう！」

そうだ。私には、私の受験を応援《おうえん》し、懸命にサポートしてくれる家族がいる。クラスが下がったくらいで、落ちこむのはもうよそう。

思いきり泣いたせいか、私はだいぶスッキリした気持ちになっていた。

感情《かんじょう》　**過《あやま》ち**　**謝罪《しゃざい》**

コレもよく出る！

☆異常《いじょう》な高温が観測される。
☆先生に全幅《ぜんぷく》の信頼《しんらい》を寄せる。
☆古代文明のなぞを探究《たんきゅう》する。
☆横暴《おうぼう》なふるまいは許しておけない。
☆スマートフォンは文明の利器《りき》だ。

入試によく出る漢字⑥

受験に勝つ！

10分

――の漢字をひらがなに、カタカナを漢字に、それぞれ直しましょう。〔1問1点〕

1 過ちをくり返してはいけない。
2 あの二人の仲は険悪だ。
3 眠気《ねむけ》で意識がうすれていく。
4 彼女《かのじょ》の笑顔が脳裏にうかんだ。
5 温かい指導を受ける。
6 優しい言葉をかけられて感涙にむせぶ。
7 からかうような口調。
8 先輩の機嫌をうかがう。
9 肩甲骨をまわすと気持ちがいい。
10 海の中を漂うクラゲ。
11 好きな人の名前は伏せておこう。
12 雨が一層強くなる。
13 それはきみの誤解だよ。
14 失礼なことをしたと謝罪する。
15 テレビを消して宿題に専念する。
16 船のゆれが激しい。
17 首筋を痛めてしまった。

18 映画を見てカンショウにひたる。

19 元のジョウタイにもどす。

20 感動でムネがいっぱいになる。

21 運動シンケイがよい人。

22 ケッキョク、運動会は中止になった。

23 シンゾウの音を聞く。

24 ケンメイに泳ぐ。

25 キビしい意見をもらう。

26 こわい話を聞いてセスジが寒くなる。

27 カンジョウを豊かに表現する。

28 机の上に教科書をツむ。

29 ハラをかかえて笑う。

30 ハンダンになやむ。

31 リーグ戦がカイマクする。

32 よく練習して大会にノゾむ。

33 姉はアイカわらず遅刻《ちこく》が多い。

点数チェック

1回目	点
2回目	点
3回目	点

/33点

入試によく出る漢字⑥ 答えとアドバイス

66・67ページ

1 あやま 送りがなに注意！「過まち」ではなく「過ち」です。
2 けんあく
3 いしき 「識」を「職」や「織」とまちがえないようにしましょう。
4 のうり 「頭の中」という意味です。
5 しどう
6 かんるい 「感動して流す涙《なみだ》」という意味です。
7 くちょう
8 きげん 同じ読み方の言葉に「期限」「起源」があります。
9 けんこうこつ 左右の肩《かた》にある骨です。
10 ただよ 送りがなに注意！「漂よう」ではなく「漂う」です。

11 ふ 「伏せる」には「かくしておく」「下のほうに向ける」などの意味があります。
12 いっそう
13 ごかい 「まちがって理解する」という意味です。
14 しゃざい
15 せんねん 「専」の右上に「、」はつきません。
16 はげ
17 くびすじ
18 感傷 「ものごとに感じて心を痛める」という意味です。
19 状態
20 胸
21 神経
22 結局
23 心臓

24 懸命 「力をつくしてがんばる」という意味です。
25 厳
26 背筋 「はいきん」とも読みます。
27 感情
28 積 「績」とまちがえないようにしましょう。
29 腹
30 判断
31 開幕 「幕」の部首は「はば」(巾)。「暮」や「墓」とまちがえないように！
32 臨 「公の場所に参加する」「直面する」などの意味。「望む」とまちがえないように！
33 相変

第7話 最強になる方法

成績が思うように上がらず、あせるユウヤ。
ついに、塾《じゅく》に行くのがつらくなってしまい……。

この前のクラスがえのテストで、オレはひとつ下のクラスに落ちてしまった。

これまで、わりと調子がよかったオレの中学受験必勝シナリオに、暗雲が立ちこめてきた気がする。最近、模試の結果もよくないし……。

同じ楓《かえで》中学校を目指すタクトは、相変わらずハイクラスにいるし、模試の結果も悪くないようだ。

新しいクラスでの休み時間、視線を感じて振《ふ》り向《む》くとエマがいた。エマもオレ同様、ハイクラスから落ちたのだ。

「エマ、オレたちって無念だな。ちなみに今日はムネンごみの日だ」

「ちがう、それは不燃ごみでしょ。ユウヤ、バスケの練習行っているの？」

「うんにゃ、休み中。とにかく時間が足りないんだ」

「わかる！　宿題も多いし、テストもあるし……。成績が下がるとあせってきて、少しでも時間が欲しいって思うよね」

「うん。もっと効率よく勉強できれば両立も易しいのかもしれないけどな」

その日、家へ帰る途中《とちゅう》で、バスケチームのコーチにばったり会った。

「ユウヤ、がんばっているか？　勉強大変だろうから無理強いはしないけれど、もし体を動かしたくなったら、いつでも遊びにこいよ！」

コーチはそう言ってくれたけれど、実際のところ、そういうわけにはい

暗雲《あんうん》　視線《しせん》　無念《むねん》
欲《ほ》しい　効率《こうりつ》　易《やさ》しい
無理強《むりじ》い

かないだろう。額に汗《あせ》をにじませ、必死の形相でボールを追うチームメイトたちの練習風景を思い出すと、軽々しく遊びになんて行けない。

バスケへの未練を断つつもりで、オレは一心不乱に勉強に打ちこんだ。寝《ね》る間《ま》も惜《お》しんで勉強している。それなのに、なぜか覚えたはずの内容がなかなか定着しない。テストや模試の結果からは、成績が上がる気配すら感じられなかった。なんか今のオレ、完全に空回りしている気がする……。

「睡眠《すいみん》時間をけずって勉強しているのに、全然成績が上がらないんだ」

塾《じゅく》での休み時間、オレのクラスにやってきたタクトに愚痴《ぐち》ってしまった。

「ユウヤ、ちゃんと寝《ね》たほうがいいよ。睡眠《すいみん》時間が少ないと、知識が定着しないって、何かで読んだよ」

「そうなんだ。でも、なんか気があせって……」

オレが言うと、タクトは軽い調子で、

「今からそんなんでどうするんだよ。まだまだこれからだろ。がんばろう」

と言って、ハイクラスにもどっていった。

タクトはいいよなあ。ハイクラスから落ちたことないし……。

次の日の放課後、オレはいったん家に帰ってから塾《じゅく》へ行く準備をし、再

額《ひたい》 必死《ひっし》 形相《ぎょうそう》
風景《ふうけい》 未練《みれん》 断《た》つ
一心不乱《いっしんふらん》 定着《ていちゃく》 気配《けはい》
空回《からまわ》り 準備《じゅんび》

コレもよく出る！

★悪いたくらみを看破《かんぱ》する。
★彼《かれ》は野放図《のほうず》にふるまった。
★試験に向けて精進《しょうじん》する。
★大切な決断は他人に委《ゆだ》ねるべきではない。
★自立心を育《はぐ》む教育方針。

び家を出た。

足取りが重い。最近、寝不足《ねぶそく》が続いていたせいか、常に頭も体も重いような気がする。

急ににぎやかな声が聞こえたので、そっちを見ると、同じ学校の児童が五、六人、公園の広場で楽しそうに走り回っていた。

その中には、友だちといえるほど親交のあるやつはいなかったけれど、全員が六年生だった。おそらく、受験しない道を選んだやつらだ。

いいなあ、放課後も毎日遊べて。好きなことだけできて……。

反射的に、つい、そう思ってしまった。

だめだ。ここにいちゃいけない！

オレはその場を走り去った。すぐに息が切れてくる。へとへとになりながら、さっきとは別の小さな公園の中へ入り、ベンチに座って休んだ。

木立をふきぬける風が快い。

行きたくないなあ、塾《じゅく》。初めてそう思ってしまった。

授業開始の時間が、刻一刻とせまっている。でも、オレの体は、塾《じゅく》へ行くことをこばんでいた。

玄関で見送ってくれた母さんの姿、いつも親身になってくれる松永《まつなが》先生の顔が脳裏にうかぶ。

児童《じどう》　親交《しんこう》　反射《はんしゃ》
木立《こだち》　快《こころよ》い　親身《しんみ》

行かなきゃ。今、行かなきゃ、授業に間に合わない。そう思ってから三十分経っても、体が動かなくて、オレはそのベンチに居続けた。まぶたが重くなってきて、オレはうとうととしてしまった。次に目を開けたときには、すでに算数の授業が終わったころだった。

ぼんやりした頭で、これからどうしようかと考えていたとき、向こうから見慣れた人物が、汗《あせ》をふきふき、こちらへ来るのが見えた。松永《まつなが》先生だった。先生は**血相**を変えて、オレの顔をのぞきこんだ。

「ユウヤ、こんなところにいたのか。**探**したよ。よかった、見つかって」

オレはなんて言ったらいいかわからず、だまったままだった。

「どうした？　今日は欠席ですかって家に連絡《れんらく》したら、とっくに家を出たって言われたから、びっくりしたよ。体調が悪いのか？」

体調は決してよいとは言えない。でも、塾《じゅく》へ行かなかったのは心の問題だ。単に行きたくなかったのだ。ここで**具合**が悪いなんて言ったら、それは**仮病**だ。オレの身を**案**じてくれている先生に、ウソなんかつけない。

「先生、オレ……」

声がかすれる。うまく言葉が出てこない。そんなオレを、先生は**追及**せずに、おだやかな顔で見つめていた。

「オレ、なんだかもう、つらくって……」

血相《けっそう》　探《さが》す　具合《ぐあい》
仮病《けびょう》　案《あん》じる　追及《ついきゅう》

コレもよく出る！

★くわしい説明は割愛《かつあい》する。
★ガラスが割れて破片《はへん》が飛び散る。
★彼女《かのじょ》が怒《おこ》るのは至極《しごく》当然のことだ。
★他人を見下すような態度が気に障《さわ》る。
★ここで大きな声を出すのはご法度《はっと》だ。

声に出したら、思わず涙《なみだ》があふれそうになった。

「オレ、バスケがやりたいから楓中《かえでちゅう》に行きたいのに、勉強がいそがしくて、大好きなバスケができないなんて……。でも、今は我慢《がまん》だと思って、睡眠《すいみん》時間をけずって勉強しているのに、成績が下がってクラスも落ちちゃったし……」

先生はだまって、オレの話を聞いてくれた。

「いろいろ考えていたんだな。気づいてあげられなくてごめんな、ユウヤ」

先生の声も悲しそうだった。

しばらくして、オレがすっか

り落ち着いたころ、先生は静かな声でこんな質問をした。

「なあ、ユウヤ。最強の人って、どんな人のことだと思う?」

「最強の人? うーん、肉体的にも精神的にも強くて、力のある人?」

「いや、**あきらめないでコツコツと続けられる人こそ、最強の人**なんだ」

意外な返答に、オレは言葉が出なかった。

「模試やテストの結果だけを見て、一喜一憂《いっきいちゆう》しても仕方がない。何がいけなかったのかをよく考えて対策を練るほうが、何倍も重要なことだよ。そのほうが、やみくもに勉強するより、はるかに効率がいい」

「そうなんだ」

「うん。それから、クラスが落ちたことは気にしなくていい。第一志望校に合格することが最終目標なんだから、今はこのクラスで自分に足りないことをしっかり吸収すればいいんだよ」

「そっか。そうやってコツコツ続けていけば、いつか最強になれるんだね」

「そう! さあ、先生と一緒に塾《じゅく》へ行こう」

最強かあ。いいかも。よっしゃ、最強なユウヤ様になってやる!

体の内側から、ふつふつと力がわいてくる気がした。

静《しず》か　練《ね》る　吸収《きゅうしゅう》

コレもよく出る!

☆あの人の功績は枚挙《まいきょ》にいとまがない。
☆けがのために試合への出場を辞退《じたい》する。
☆委員長の英断《えいだん》を待つ。
☆日本有数の景勝《けいしょう》で知られる海岸。
☆先生の計《はか》らいで校外に出た。

受験に勝つ！

入試によく出る漢字⑦

10分

――の漢字をひらがなに、カタカナを漢字に、それぞれ直しましょう。〔1問1点〕

1 **仮病**を使って学校を休む。（　　）

2 **暗雲**が立ちこめる。（　　）

3 だれかの**視線**を感じる。（　　）

4 ガラスを割った人を**追及**する。（　　）

5 次の試合に向けて作戦を**練**る。（　　）

6 一回戦で敗退とは**無念**だ。（　　）

7 ものすごい**形相**でにらみつける。（　　）

8 いつになく**静**かな教室。（　　）

9 風邪《かぜ》をひいて**具合**が悪い。（　　）

10 **未練**が残る一戦となった。（　　）

11 後ろにいる人の**気配**を感じる。（　　）

12 **木立**の中を散歩する。（　　）

13 兄が**血相**を変えて飛び出してきた。（　　）

14 無理難題を**強**いる。（　　）

15 **快**い春の日。（　　）

16 太陽の光が**反射**する。（　　）

17 **一心不乱**に勉強する。（　　）

18 ヒッシに先生を追いかける。

19 水をキュウシュウしたスポンジ。

20 スマートフォンがホしい。

21 コウリツのよい勉強法。

22 好きなフウケイを写生する。

23 父がたばこをタつ。

24 日本にテイチャクした習慣。

25 発表会のジュンビをする。

26 シンミになって相手の話を聞く。

27 明日はジドウ集会がある。

28 ヤサしい問題から取りかかる。

29 台風の被災者《ひさいしゃ》をアンじる。

30 がんばったがカラマワりだった。

31 下級生とシンコウを深める。

32 前髪《まえがみ》を分けてヒタイを出す。

33 きれいな貝がらをサガす。

点数チェック	
1回目	点
2回目	点
3回目	点

/33点

入試によく出る漢字⑦
答えとアドバイス
76・77ページ

1 けびょう
「病気のふりをする」という意味です。

2 あんうん
「真っ黒な雲」「危機がせまる気配」などの意味があります。

3 しせん

4 ついきゅう
「追及」…責任や欠点などを問いただすこと。
「追求」…目的を達するために追い求めること。
「追究」…未知のもの、不明なことを深く考えきわめること。

5 ね

6 むねん

7 ぎょうそう
「顔つき」という意味です。

8 しず

9 ぐあい

10 みれん
「あきらめきれない思い」という意味です。

11 けはい

12 こだち

13 けっそう
「顔色」「顔つき」という意味です。

14 し
「相手の気持ちを無視して強制する」という意味です。

15 こころよ
送りがなに注意！
「快よい」ではなく「快い」です。

16 はんしゃ

17 いっしんふらん
「ひとつのことに集中して打ちこむ」という意味です。

18 必死

19 吸収

20 欲

21 効率
「率」を「卒」とまちがえないようにしましょう。

22 風景

23 断
「断つ」…一時的に終わらせること。
(例) 電源を断つ。
「絶つ」…半永久的に終わらせること。
(例) 消息を絶つ。

24 定着
「しっかりと根づく」という意味です。

25 準備

26 親身

27 児童

28 易
「優しい」(27ページ26)との使い分けに注意しましょう。

29 案
「安」に「木」と覚えましょう。

30 空回
「論理や行動が発展しないで同じ状態が続く」という意味です。

31 親交
同じ読み方をする言葉に「進行」「信仰」「振興」などがあります。

32 額
「がく」という読み方もあります。

33 探

第8話 苦手は思いこみ!?

タクトは、国語の物語文の読解問題が苦手です。
そのことを松永《まつなが》先生に相談すると、意外な答えが返ってきて……。

夏至を過ぎ、暦《こよみ》の上では夏をむかえた。とはいえ、まだ梅雨《つゆ》らしい気候が続いている。気温はそれほど高くないが、常にどことなく蒸し暑いし、雨が降っている日も少なくない。雨はきらいじゃないけれど、毎日どんよりとした空をながめていると、つい嘆息がもれてしまう。

「タクト!」

ハイクラスの教室に入ったとたん、ココナに声をかけられた。

ココナって、いつも朗らかだよなあ。それって、最大の長所だと思う。だまっていると無愛想だと思われがちなぼくとは対照的だ。容姿はちょっと幼く見えるのに、本好きで博識というところがかっこいいと、ぼくはひそかにココナを尊敬していた。

「どうしたの? 元気なさそう。何か、なやみごと?」

「うーん、国語に足を引っ張られているんだよね」

「そうなんだ。意外! 国語のどんなところが苦手なの?」

「うん。説明文はむしろ得意なんだけど、物語の読解がね……。登場人物の気持ちを考えて書く問題が苦手なんだよなあ。あっ、ココナは国語、得意だよね? 登場人物の気持ちって、どうやったらわかるの?」

「文章を読んでいると、なんとなくわかってくると思うんだけど……。こういうところに注目すればわかるっていう、具体的な説明は難しいなあ」

夏至《げし》　気候《きこう》　蒸《む》し暑《あつ》い
降《ふ》る　嘆息《たんそく》　朗《ほが》らか
長所《ちょうしょ》　無愛想《ぶあいそう》　対照的《たいしょうてき》
容姿《ようし》　幼《おさな》い　博識《はくしき》
尊敬《そんけい》　具体的《ぐたいてき》

「そっか、そうだよね。自力でがんばってみるよ」

それから、ぼくは物語の読解問題を克服《こくふく》するために、何度も問題に取り組んだのだけれど、あまりうまくいかなかった。

まず、文章を読んでも、なかなか頭の中に入ってこない。それでもなんとか読み終えて問題に取りかかっても、やっぱり答えがわからない。

うーん、となやんでいるうちに、この時間がもったいないような気がしてきて、別の教科の問題へと手をのばしてしまう。そのくり返しだった。

このままでは永遠に物語の読解が苦手なままだと思ったぼくは、塾《じゅく》の授業が終わってから、松永《まつなが》先生に相談した。

「ココナみたいに、小さいころから物語を読んでいればよかったのかもしれないけれど、今からたくさんの時間を費やして読書するわけにもいかないし……。どうしたらいいですか？」

ぼくの話を聞き終わると、松永《まつなが》先生は落ち着いた口調でこう言った。

「うーん、それはタクトの思いこみかもしれないな」

ぼくは、予想外の言葉に自分の耳を疑った。

「思いこみ？　どういうことですか？」

「タクトは、説明文の読解は結構できるんだよね。それなのに物語文の読解ができないのはなぜだと思う？」

費《つい》やす　疑《うたが》う

コレもよく出る！

★彼女《かのじょ》と私がうり二つなのは、他人の空似《そらに》だ。
★苦渋《くじゅう》の決断をせまられる。
★事故に因《よ》るけがで入院する。
★大会の序幕《じょまく》をかざる大熱戦。
★反骨《はんこつ》精神から書かれた記事。

「えーと、説明文だと文章の中に必ずキーワードがあるので、それを追いかけていけば解けるんです。でも登場人物の気持ちって、想像するしかないじゃないですか。それがわからなくて……」

「物語文も説明文と同じだよ。登場人物の気持ちを表すヒントになる言葉がちゃんとあるんだ。会話文や心の声だけでなく、その人の行動や周囲の人の表情、情景描写《びょうしゃ》などに注目してみるといいんだ。それから、タクトは物語文になると、最初からあきらめ気味になって読んでいなかったかい？」

たしかにぼくは、物語文の問題を解くとき、なんとなくできないと思いこんで、ちゃんと読もうとしていなかったかもしれない。

「『苦手は思いこみ』っていってね、自分はこれが苦手だと思うから、やるべき勉強をちゃんとしない。やるべき勉強をしないから、成績も上がらない。それで、またさらに苦手だと思いこんでしまうという悪いパターンに陥ってしまうことがよくあるんだ。どうだい？」

松永《まつなが》先生の言葉に、目からうろこが落ちる思いだった。

他の教科についても、そうだ。ぼくは苦手だと思っている教科の勉強は敬遠気味で、ついあと回しにしてしまって、得意な教科に比べて、苦手教科に割く時間は圧倒的に少ない。

「そう言われてみれば、勝手に苦手だと思いこんでいたのかもしれません。

周囲《しゅうい》　陥《おち》いる　敬遠《けいえん》
割《さ》く　圧倒的《あっとうてき》

物語文、ちゃんとやってみます。まずは何から始めたらいいですか？」

「そうだな。これまでのテストや模試などに出てきた物語文の問題をもう一度解いてごらん。どうしてもわからない問題があったら、先生のところに持ってきてくれれば、説明してあげるよ」

「はいっ！　わかりました」

ぼくは、これまでに行われた国語のテストや模試をかき集め、物語の読解問題を片っぱしから解き直していった。

最初は解くのがちょっと**苦痛**だったが、「苦手は思いこみ！」と自分に

苦痛《くつう》

コレもよく出る！

★善後策《ぜんごさく》を考える。
★子どもの健《すこ》やかな成長を願う。
★建設会社を営《いとな》む社長。
★車窓《しゃそう》から町の様子をながめる。
★厳密《げんみつ》に言うとその説明は正確でない。

言い聞かせながら、毎日コツコツと取り組んだ。すると、今までなんとなく読み流していた人物の様子や情景描写《びょうしゃ》には、ちゃんと意味があるということがわかってきた。さらに驚くことに、登場人物の気持ちだけでなく、その文章を通して作者が何を伝えたいのかもわかるようになってきたのだ。たとえば、大好きなペットの犬を亡《な》くした主人公の気持ち。文章中に「ぼくは～だと思った」と書かれていなくても、主人公が見ている暗い空や降り出した雨から、主人公の悲しみや、泣き出したい気持ちを読み取ることができる。今までのぼくだったら、そんなこと考えもしなかっただろう。

「それで、今は物語文の問題解くの、めちゃくちゃ楽しくなってきたんだ」

後日、塾《じゅく》でココナに話すと、笑顔でこう返された。

「よかったね。タクト、冒険の旅に出て秘宝を見つけたような顔をしてる」

ココナらしい言い方だなあと感心していると、ユウヤとエマがやってきた。

「なんだよ、冒険の旅って？　タクト、おまえまさかまた余裕《よゆう》かましてゲームやっているんじゃないよな？」

「ちがうよ。ちゃんと勉強の話！　ユウヤは？　最近ちゃんと寝《ね》ているの？」

「オレ？　冬眠中《とうみんちゅう》のクマかってくらい、よく寝《ね》ているよ。オレはもうあせんないの。なんたって最強の男を目指しているから。最強の男はよく寝《ね》て、

後日《ごじつ》　返《かえ》す　冒険《ぼうけん》
秘宝《ひほう》

よく食べるんだよ！」

「へぇ、最強かあ。ユウヤはユウシャ（勇者）になるのね」

ココナが言うと、エマが笑い出した。

「おい、ココナ、ダジャレはオレの得意技なんだから、先に言うなよぉ」

ひさびさに四人で笑い合っていると、つかれが飛んでいくような気がした。

それから、ぼくの国語の成績は徐々《じょじょ》にのび始めた。なんと、国語が得意なココナと点数を**競**うまでに成長したのだ。**短期間**でこれだけのびるとは、自分でも驚いた。思いこみって、本当にあるんだな。

空にはまだ、灰色の雲が立ちこめている。だけど、目を**凝**らすと**雲間**から光の**筋**がのびているのが見えた。

もうすぐ梅雨が明けるだろう。

まだまだ**有頂天**にはなれないけれど、ぼくはひさしぶりに晴れ晴れとした気持ちで、空を見上げた。

競《きそ》う　短期間《たんきかん》　凝《こ》らす
雲間《くもま》　筋《すじ》　有頂天《うちょうてん》

コレもよく出る！

★読者から好評を博《はく》す。
★神が降臨《こうりん》したといわれる土地。
★悲しみを帯《お》びた声。
★修行《しゅぎょう》は生易《なまやさ》しいものではない。
★貧困《ひんこん》の原因について議論する。

受験に勝つ！

入試によく出る漢字⑧

10分

——の漢字をひらがなに、カタカナを漢字に、それぞれ直しましょう。〔1問1点〕

1 パニックに陥る。（　　）

2 冒険の旅に出たい。（　　）

3 くふうを凝らした作品がそろう。（　　）

4 部屋のそうじに時間を割く。（　　）

5 困ったことばかりで嘆息する。（　　）

6 すばらしい演奏に圧倒される。（　　）

7 容姿が美しい人。（　　）

8 一位でゴールし、有頂天になる。（　　）

9 朗らかに笑う。（　　）

10 ゲームの腕《うで》を競う。（　　）

11 彼《かれ》は電車については博識だ。（　　）

12 あの人は無愛想だけど優しい。（　　）

13 インゲン豆の筋を取る。（　　）

14 幼いときからの友だち。（　　）

15 ピアノの練習に時間を費やす。（　　）

16 さつまいもを蒸す。（　　）

17 夏至は昼の時間が長い。（　　）

■ 1 編

【ご購入いただいた書籍名をお書きください】

書名

ご愛読ありがとうございます。

今後の出版の参考にさせていただきたいので、ぜひご意見・ご感想をお聞かせください。

なお、ご感想を広告等、書籍の PR に使わせていただく場合がございます（個人情報は除きます

••••••••••••••••••••••••••••••該当する項目を○で囲んでください••••••••••••••••••••••••••••••

◎本書へのご感想をお聞かせください

・内容について	a. とても良い	b. 良い	c. 普通	d. 良くない
・わかりやすさについて	a. とても良い	b. 良い	c. 普通	d. 良くない
・装幀について	a. とても良い	b. 良い	c. 普通	d. 良くない
・定価について	a. 高い	b. ちょうどいい	c. 安い	
・本の重さについて	a. 重い	b. ちょうどいい	c. 軽い	
・本の大きさについて	a. 大きい	b. ちょうどいい	c. 小さい	

◎本書を購入された決め手は何ですか

a. 著者　b. タイトル　c. 値段　d. 内容　e. その他（　　　　　　　　　　）

◎本書へのご感想・改善点をお聞かせください

◎本書をお知りになったきっかけをお聞かせください

a. 新聞広告　b. インターネット　c. 店頭（書店名：　　　　　　　　　　）
d. 人からすすめられて　e. 著者の SNS　f. 書評　g. セミナー・研修
h. その他（　　　　　　　　　　）

◎本書以外で最近お読みになった本を教えてください

◎今後、どのような本をお読みになりたいですか（著者、テーマなど）

ご協力ありがとうございました。

郵便はがき

料金受取人払郵便

新宿局承認

1820

差出有効期間
2021年9月
30日まで

1638791

999

（受取人）

日本郵便 新宿郵便局
郵便私書箱第330号

（株）実務教育出版

第一編集部
愛読者係行

フリガナ お名前		年齢　歳 性別　男・女	
ご住所	〒		
電話番号	携帯・自宅・勤務先　（　　）		
メールアドレス			
ご職業	1. 会社員 2. 経営者 3. 公務員 4. 教員・研究者 5. コンサルタント 6. 学生 7. 主婦 8. 自由業 9. 自営業 10. その他（　）		
勤務先・学校名		所属（役職）または学年	
今後、この読者カードにご記載いただいたあなたのメールアドレス宛に実務教育出版からご案内をお送りしてもよろしいでしょうか			はい・いいえ

毎月抽選で5名の方に「図書カード1000円」プレゼント！

尚、当選発表は商品の発送をもって代えさせていただきますのでご了承ください。
この読者カードは、当社出版物の企画の参考にさせていただくものであり、その目的以外には使用いたしません。

18 春は温暖なキコウが続く。

19 あの人が犯人ではないかとウタガう。

20 相手のチョウショを見つける。

21 父をソンケイする。

22 グタイ的な例を挙げて説明する。

23 東北地方で雪がフる。

24 責任の重い係をケイエンする。

25 満員電車に乗るのはクツウだ。

26 キカン限定の商品を買う。

27 それについてはゴジツ話すよ。

28 アツい日が続く。

29 クモマから見える月がきれいだ。

30 昔の王族のヒホウを見る。

31 学校のシュウイに木を植える。

32 性格がタイショウ的な二人。

33 借りていた本をカエす。

点数チェック	
1回目	点
2回目	点
3回目	点

/33点

入試によく出る漢字⑧

答えとアドバイス

86・87ページ

1 おちい
「陥《おとしい》れる」という使い方もあります。

2 ぼうけん

3 こ
「疑」や「擬」とまちがえないようにしましょう。

4 さ

5 たんそく
「悲しんでため息をつく」という意味です。

6 あっとう

7 ようし
「すがたかたち」という意味です。

8 うちょうてん
「喜びで舞《ま》い上《あ》がる」という意味です。

9 ほが

10 きそ

11 はくしき
「広くものごとを知っている」という意味です。

12 ぶあいそう
「無」を「不」とまちがえないようにしましょう。

13 すじ

14 おさな

15 つい
送りがなに注意!
「費す」ではなく「費やす」です。

16 む

17 げし
反対の言葉は「冬至」で、「とうじ」と読みます。

18 気候
「候」の「にんべん」のとなりの縦棒を忘れないようにしましょう。

19 疑

20 長所
反対の言葉は「短所」です。

21 尊敬

22 具体

23 降

24 敬遠
「かかわりを持つことをきらう」という意味です。

25 苦痛
「痛」の部首は「やまいだれ」。主に病気などの状態を表す漢字に用います。

26 期間

27 後日

28 暑
「暑い」…気温などを表す。
(例) 部屋が暑い。
「熱い」…温度や感情の高まりなどを表す。
(例) 熱いお湯。

29 雲間

30 秘宝
「秘密の宝」という意味です。

31 周囲

32 対照
「対照的」は「二つのちがいが際立って見える」という意味です。

33 返

第9話 あの子と同じ志望校

学校で同じクラスの江口《えぐち》さんに、無視のターゲットにされてしまったエマ。
その江口《えぐち》さんが、自分と同じ中学校を受験することを知り、
エマはショックを受けます。

「エマちゃん、もう志望校決めたの？」

学校での休み時間、同じクラスで仲良くしているカリンちゃんに聞かれて、私はうなずいた。カリンちゃんも私立中学を受験するらしい。

「うん、一応決めたよ。塾《じゅく》の友だちと椿《つばき》が丘《おか》女子のオープンスクールに行って、そこに進学したいって思ったんだ」

「そうなんだ。私は、男女共学がいいな。女子校ってこわそうで……」

カリンちゃんは複雑な表情でそう言うと、視線を教室の後ろのほうへ向けた。そこには同じクラスの江口《えぐち》さんが、数人の取り巻きに囲まれて大声で笑ったり、キャーキャーさわいだりしている姿があった。

「ああ……」と、私も納得する。

江口《えぐち》さんは、クラスで、いや、学年でも目立つ存在だ。お父さんが元俳優とかで、彼女《かのじょ》自身も読者モデルの経験があるほどスタイルがよく、いつも派手めのおしゃれな格好をしている。

勉強もスポーツも得意で人気がある一方、私やカリンちゃんのように、江口《えぐち》さんのことをあまりよく思っていない人も多かった。

なぜなら、彼女《かのじょ》ははっきりしない理由で、突然《とつぜん》だれかのことを敵視し始め、その対象となった人を無視するよう、みんなに指示するからだ。

実は、私は今、まさにその対象になっているらしい。朝、江口《えぐち》さんや、

複雑《ふくざつ》　囲《かこ》む　納得《なっとく》
存在《そんざい》　俳優《はいゆう》　派手《はで》
格好《かっこう》　敵視《てきし》　対象《たいしょう》
無視《むし》

取り巻きの子たちにあいさつをしたのに返事がなく、クスクスと笑いながら行ってしまった。でも、どうして私を無視するのか、理由がわからない。五年生のときから江口《えぐち》さんと同じクラスのカリンちゃんに言わせると、単純におとなしそうな人を、次から次へと標的にしているだけらしい。幸いカリンちゃんをはじめ、江口《えぐち》さんのグループに入っていない女子が口をきいてくれるので、学校生活には支障はないんだけれど……。

理由もわからずにクラスの一部の人から無視されるのは結構つらい。でも、放課後塾《じゅく》に行けばココナやタクトやユウヤがいると思えば、なんとかくじけずに済みそうだ。

単純《たんじゅん》　幸《さいわ》い　支障《ししょう》

コレもよく出る！

★春には花見をするのがわが家の慣例《かんれい》だ。
★有毒な物質が検出《けんしゅつ》された。
★世界各国の首脳《しゅのう》が集まる会議。
★試験の制度を刷新《さっしん》する。
★仕事を失い、路頭《ろとう》に迷う。

「男子は、女子同士のそういうのを面倒くさいと思っているから、率先して無視しようとはしないじゃない。だから、共学校だと被害《ひがい》がそれほど拡大しないと思うんだよね。でも、女子しかいなかったら、エスカレートするんじゃないかって心配なの」

カリンちゃんの言葉に、私まで不安になってきた。

翌日の休み時間、教室の片隅《かたすみ》でおしゃべりに興じている江口《えぐち》さんグループの声が聞こえてきた。

「へえ、ナナミ、椿《つばき》が丘《おか》女子に行きたいの？」

「うん。この前、オープンスクールに行ったら、雰囲気よかったんだよね」

ナナミっていうのは、江口《えぐち》さんの下の名前だ。つまり、江口《えぐち》さんも、私やココナと同じ学校を受験するってこと？

その事実を知って、私はショックを受けた。江口《えぐち》さんと万一同じクラスになって、また無視なんてされたら……。

たとえクラスは別になったとしても、ココナが同じ学校にいてくれれば、乗《の》り越《こ》えられる気がする。でも、ココナの志望校が冬までに変わることもあり得るし、私だけが合格して、ココナが不合格っていうこともあるかもしれない。「何が起こるかわからないのが受験」って、松永《まつなが》先生がいつも言っ

同士《どうし》　面倒《めんどう》　率先《そっせん》
拡大《かくだい》　翌日《よくじつ》　興《きょう》じる
あり得《う》る

ているし……。私は、すっかり混乱してしまった。

その日、私は塾《じゅく》に着くなり、一目散に松永《まつなが》先生のところへ飛んでいった。

そして、まだ混乱したまま胸に抱えていることを、先生に聞いてもらった。すると、先生は私のほうへ向き直って、こう言った。

「いいかい、エマ。きみはだれのために受験するんだい？」

「えっ？　あの、自分のためです」

「だったら、その江口《えぐち》さんのことも、ココナのことも気にしないで、まず自分のことだけ考えてみたら？　なぜその学校に通いたいのか。自分に関係のない要素はいったん除外して、もう一度考えてごらん」

「はい……」

「エマ、もっと自分に自信を持っていいんだよ。中学受験をすることに決めて、この塾《じゅく》へ移ってきてから、ずっとがんばっているじゃないか。バレエと勉強を両立させるのも、大変だっただろう？　自分が望んだ学校へ入ったとき、もし、エマが想像するような困難があったとしても、きっと乗《の》り越《こ》えられる。いやなことされたら、『やめて！』って言っていいんだよ」

先生の力強い言葉に、私は目の覚める思いがした。

そっか、私、なんで無視されっぱなしでいるんだろう？　いやならいやって、はっきり言えばいいんだ。

混乱《こんらん》　一目散《いちもくさん》　抱《かか》える
要素《ようそ》　除外《じょがい》　困難《こんなん》

コレもよく出る！
★郊外《こうがい》の町に一軒家《いっけんや》を構《かま》える。
★果報《かほう》は寝《ね》て待て。
★洗濯物《せんたくもの》がよく乾《かわ》く天気。
★巨人《きょじん》のように大きな体。
★冗談《じょうだん》を真《ま》に受ける。

次の朝、私のあいさつを無視する江口《えぐち》さんに、思いきって言った。

「なんで無視するの？　理由もわからずに無視されるの、いやなんだけど」

江口《えぐち》さんは不意のできごとに驚いた素振りで、足を止めた。ひざががくがくする。でも、勇気を出して、私は江口《えぐち》さんのほうをまっすぐに見た。

「いや、理由なんてないよ……」

てっきり、何を言っても無視されると思っていた私は、江口《えぐち》さんのそんな反応に拍子《ひょうし》ぬけしてしまった。

「ごめん。そうだよね。最初は、うちもおもしろがってやっていたんだけどさ、幼稚《ようち》だよね、こういうの。ほんっとごめん。もう、しない」

江口《えぐち》さんはそう言って、頭を下げた。どういうこと？

「実はもうやめたかったんだけど、いつも一緒にいるあの子たちが『次はだれにする？』って聞いてきて。うち、いつかは自分に矛先を向けられるんじゃないかって、ひやひやしていてさ。それで、今度はエマちゃんってて言っちゃったんだよ。でも、もうやめる。みんなにもやめるように言うね」

江口《えぐち》さんは、今にも泣きそうな顔をしていた。私はあまりに意外な事実に、ただだまって江口《えぐち》さんの後ろ姿を見送ることしかできなかった。

今まで、江口《えぐち》さんの指令で、みんなが無視しているのだと思っていた。

不意《ふい》　素振《そぶ》り　矛先《ほこさき》
指令《しれい》

まさか、江口《えぐち》さんも周りの人たちを気にして、自分の気持ちを言えなかったなんて……。

変化に気づいたのは、昼休みの終わりごろだった。いつも取り巻きを率いていた江口《えぐち》さんがめずらしくひとりで、体育の授業へ向かおうとしていたのだ。

私はカリンちゃんに先に行ってもらうと、江口《えぐち》さんに声をかけた。振《ふ》り向《む》いた江口さんの目のあたりが、赤く染まっていた。

「ああ、エマちゃん。あはっ、だれかを無視するのなんてもうやめようって言ったらさ、今度は、うちがターゲットになったみたい。エマちゃんも、うちと話したらまた無視されるよ」

「そんな人たちに無視されたって気にしないよ！　一緒に体育館行こう！」

「エマちゃん……ウソォ。うれしい。ありがとう……」

それから私は、江口《えぐち》さんと仲良くなった。くだらない話をして笑うだけでなく、同じ学校を受験する者同士、はげまし合ってもいる。ココナだけじゃなく、学校にもそういう仲間ができたことがうれしかった。

合格したら、江口《えぐち》さんのこと、一番にココナに紹介したい。みんなで合格できたら、楽しい中学校生活になりそう！

率《ひき》いる　染《そ》まる

コレもよく出る！

★入院中の祖母は小康《しょうこう》状態を保っている。

★兄はアルバイトで学費を工面《くめん》している。

★運動会を挙行《きょこう》する。

★必ず優勝できるという自負《じふ》がある。

★適当《てきとう》な長さにひもを切る。

受験に勝つ!

入試によく出る漢字⑨

10分

――の漢字をひらがなに、カタカナを漢字に、それぞれ直しましょう。〔1問1点〕

1 上級生から**敵視**される。

2 友だちとトランプに**興**じる。

3 **複雑**な模様のスカート。

4 百万人の人口を**抱**える都市。

5 白紙の票は**除外**する。

6 仲がいい人**同士**で弁当を食べる。

7 夜ふかしすると次の日に**支障**が出る。

8 気に入らない相手を**無視**する。

9 信号機が故障して町が**混乱**する。

10 **翌日**はよい天気になった。

11 **面倒**なことはきらいだ。

12 犬に追いかけられて**一目散**ににげた。

13 食品の**要素**について研究する。

14 気にする**素振**りを見せない。

15 怒《いか》りの**矛先**を向けられる。

16 キャプテンとしてチームを**率**いる。

17 母は**派手**な服が好みだ。

18 正しい答えを丸でカコむ。

19 タンジュンな作業を任される。

20 フイのできごとにびっくりする。

21 サイワいにも軽傷で済んだ。

22 だれかが欠席することはありウる。

23 新しい生物のソンザイが明らかになる。

24 布が青色にソまる。

25 話を聞いてナットクする。

26 画像をカクダイして見てみよう。

27 小学生をタイショウとした講座。

28 ソッセンしてそうじをする。

29 上官が部下にシレイを出す。

30 好きなハイユウのサインをもらう。

31 カッコウをつけておどる。

32 どんなコンナンにも負けない。

点数チェック	
1回目	点
2回目	点
3回目	点

／32点

入試によく出る漢字⑨

答えとアドバイス

96・97ページ

1 てきし
「敵」を「適」や「摘」とまちがえないようにしましょう。

2 きょう
「楽しむ。おもしろく過ごす」という意味です。

3 ふくざつ

4 かか
「包」とまちがえないようにしましょう。「てへん」が入ります。

5 じょがい
「除」は「余」に「こざとへん」と覚えましょう。

6 どうし
「同志」とまちがえないようにしましょう。

7 ししょう
「障」を使う言葉には、他に「障害」「故障」などがあります。

8 むし

9 こんらん

10 よくじつ

11 めんどう

12 いちもくさん
「わき目もふらずに必死に走る」という意味です。

13 ようそ

14 そぶ

15 ほこさき
「矛」は刃物《はもの》に柄《え》をつけた武器。「矛先」は攻撃《こうげき》の方向という意味です。

16 ひき

17 はで

18 囲
井(戸)を「くにがまえ」で囲む、と覚えましょう。

19 単純
「純」は十画目が七画目をつき出ます。

20 不意
「思いがけない」という意味です。

21 幸

22 得

23 存在

24 染
「染《し》みる」という使い方もあります。

25 納得

26 拡大
反対の言葉は「縮小」です。

27 対象
「対象」…働きかける相手。
「対照」…照らし合わせること。
「対称」…たがいに対応し、つりあうこと。

28 率先
「率」を「卒」とまちがえないようにしましょう。

29 指令

30 俳優
「俳」は「非」に「にんべん」と覚えましょう。

31 格好

32 困難

第10話 勉強は量より質

ココナは、松永《まつなが》先生の勧めで、塾《じゅく》の自習室で勉強することに。
最初は勉強もはかどっていたものの、
だんだんとモチベーションが下がってきます。

いよいよ夏休み。あたしは両親に相談して、塾《じゅく》の夏期講習の講座を全部受けることにした。

この夏休みのがんばりが受験の結果を左右するといわれている。塾《じゅく》の先生たちもみんなも、いつにも増して気合が入っている。

一学期の終わりごろから、また成績がのび始めた。ケアレスミスの対策が点数につながってきたのだ。うれしい！　でも、油断は禁物だ。

実は、ひとつ困っていることがあった。塾《じゅく》が休みの日に家にいると、弟のリヒトがくっついてくる。リヒトは、まだ幼稚園児《ようちえんじ》。純真な笑顔で、

「お姉ちゃん、遊ぼう！」

と言われると断れない。少しだけと思って相手をしていると、一日中あたしにくっついていようとして、なかなか解放してくれない。幼稚園《ようちえん》が休みで退屈なのはわかるけれど、これじゃあ、あたしが勉強に集中できない。

塾《じゅく》へ行った日、松永《まつなが》先生に相談したら、自習室での勉強を勧められた。

「夏期講習がない日も、朝九時から夜八時まで開けているから、ここで勉強するといいよ。先生たちもいるから、わからないところがあったらすぐに質問できるし。ご家族にも話して、昼食だけ用意してもらって」

「うん、そうする。ありがとう、先生！」

翌朝、あたしは寂しそうな顔をしているリヒトから目を背け、ママが作っ

講習《こうしゅう》　増《ま》す　禁物《きんもつ》
純真《じゅんしん》　断《ことわ》る　解放《かいほう》
退屈《たいくつ》　勧《すす》める　昼食《ちゅうしょく》
翌朝《よくあさ》

てくれたお弁当を持って、早々と家を出た。ごめんね、リヒト。

塾《じゅく》には、九時ごろに到着《とうちゃく》した。自習室の席は、すでに半分ほどがうまっている。みんな早いな……。あたしも席に着くと、速やかに勉強に取りかかった。朝は、もっとも頭がさえているって聞いたことがある。だから、まずは苦手な社会の問題を解き始めた。

お昼に席を立つと、途中《とちゅう》から来ていたらしいタクトを発見した。あたしたちは空いている教室で一緒にお弁当を食べた。

「ねぇ、いつもみんな何時ごろまでいるの？　タクトは？」

「自習室が閉まる八時ごろまで残る人もいるみたい。ぼくは五時か六時には帰るし、毎回必ず来ているわけじゃないよ」

「そうなんだ。あたしもこれからガンガン活用しようっと！」

エアコンがほどよくきいている自習室内はとても快適だった。あたしは問題の続きをせっせと解き進めた。

きりのいいところで、あたしは帰ることにした。時計の針《はり》はもう六時を指していたけれど、夏の空はまだ明るい。タクトはすでに帰っていた。

街路樹をながめながら、大通りの歩道をのんびりと歩く。本屋へ入り

速《すみ》やか　空《あ》く　快適《かいてき》

指《さ》す　街路樹《がいろじゅ》　本屋《ほんや》

コレもよく出る！

★母は料理の手際《てぎわ》がよい。

★争いの報復《ほうふく》がくり返される。

★政治家の発言が物議《ぶつぎ》をかもす。

★相場《そうば》よりも安い価格で手に入れる。

★森の中を自由に散策《さんさく》する。

今日はずいぶん勉強がはかどったな。明日からもがんばろう！

たい気持ちをおさえつつ、消防署の角を曲がった。八百屋の前を通りかかると、みずみずしい果物が売られている。肉屋の前では、あげたてのコロッケのにおい。ああ、おなかすいた。今日の夕飯、なんだろう？

こうして、夏期講習のない日は朝から晩まで塾《じゅく》の自習室で勉強することになった。

九時、塾《じゅく》に到着《とうちゃく》。午前中は苦手教科を中心に。昼食後はちょっと眠《ねむ》くなるので得意な教科を。三時ごろから帰るまではテストの解き直し……。あたしは、このスケジュールをくり返した。

はじめの何日かは、とても調子がよかった。勉強ははかどっているし、そのことが原動力となって、ますますモチベーションが上がっていく感じ。体中から新たな力がどんどんわいてくるみたいだった。

だけど、しばらくすると、最初のやる気は失速気味となり、上昇《じょうしょう》から一転、下降線をたどり始めた。朝からすでに蒸し暑い今日は、正直、塾《じゅく》へ行くのがめんどくさい……。

このままじゃいけないなと思いつつ、重い体と心を引きずるようにして家を出たとき、同じクラスの友人グループにばったり会った。

消防署《しょうぼうしょ》　八百屋《やおや》　果物《くだもの》
肉屋《にくや》　原動力《げんどうりょく》　下降線《かこうせん》

「あ、ココナ！　うちらこれから市民プールに行くんだ。一緒に行こうよ！」

「でも、塾《じゅく》の先生に九時に行くって言っちゃったんだ。水着もないし……」

「泳がなくってもいいから、一緒にアイス食べようよ！」

自習室での学習は**強制**ではないけれど、行くって言ったのに行かなかったら、松永《まつなが》先生が心配するんじゃないかな？　でも、ひさびさに会った友だちともっと一緒にいたかった。たまには受験勉強**以外**の話をしたかった。

「じゃあ……行っちゃおうかな」

みんなは**持参**した水着に着がえ、プールの中で水を**浴**びせ合いながら、

強制《きょうせい》　**以外**《いがい》　**持参**《じさん》
浴《あ》**びる**

コレもよく出る！

★その川の河口は**穀倉**《こくそう》地帯となっている。
★**測候所**《そっこうじょ》がある場所。
★**遺失**《いしつ》物を保管する倉庫。
★母は会社の**古株**《ふるかぶ》だ。
★鎌倉《かまくら》時代に**建立**《こんりゅう》された寺。

歓声を上げている。あたしは、プールサイドにあるパラソルの下で、その光景をぼんやりと見ていた。あたし、今、何をやっているんだろう……。時計はまもなく十時を告げようとしていた。

自分の欲求のままに来てしまったけれど、ここにいても楽しいどころか、先生との約束を破ったっていう、罪の意識ばかり感じてしまう。

「ごめんっ！　あたし、やっぱり塾《じゅく》に行くね！」

そう言うと、あたしは急いで塾《じゅく》へ向かった。汗《あせ》だくで、息を切らしながら塾《じゅく》にたどり着くと、ほっとした顔でこちらを見る松永《まつなが》先生の姿があった。

「今日はいつもよりおそかったね。何かあったのかい？」

「先生、ごめんなさい。実は、来る途中《とちゅう》に友だちに会って……」

あたしは先生に、本当のことをすべて話した。

「今日も九時に来るって宣言していたのに、来ないから心配したよ。家に電話したら、とっくに出たっていうし。事故にでもあったんじゃないかって……」

「心配かけて、ごめんなさい……」

申し訳なくて、先生の目を直視できなかった。

うなだれているあたしに向かって、松永《まつなが》先生はこう言った。

「ココナは、授業のない日も塾《じゅく》に来て、おそくまでよくがんばっているよ

歓声《かんせい》　光景《こうけい》　告《つ》げる
欲求《よっきゅう》　罪《つみ》　宣言《せんげん》
直視《ちょくし》

ね。でもちょっと気合を入れすぎて、空回りしているのかもしれないね」

「え？」

「勉強はただ長い時間やればいいというものではないんだ。**勉強は量よりも質**、ってわかるかな。長い時間だらだらやるよりも、短い時間で集中して勉強する方法を身につけたほうがいいかもしれないね」

「でも、どうすればいいの？」

「まず、一日何時間勉強するかってことには、あまりとらわれないほうがいい。ココナの自習室での様子を見ていたけれど、同じ勉強を長時間やり続けていたよね。それだとだれでもあきてしまう。そうならないために、たとえば、自習室に来たら、最初にその日の学習計画を立てる。計算に何分、読解問題に何分、そのあと休憩《きゅうけい》、次に社会の暗記、漢字練習、理科の計算問題というように、時間を決めて教科や単元を入れかえた計画を作るんだ。そうやっていけば集中力を持続することができる。計画通りに進まなかったら、最後に調整の時間を作るか、次の日に回してもいいんだ」

先生の言葉は、あたしのやる気を再び引き出してくれた。

そうだ、受験をすることに決めたのは、あたし自身だもん。もう少し、がんばってみよう！


コレもよく出る！

★不平等なしくみを是正《ぜせい》する。
★土地を買収《ばいしゅう》して、都市開発を進める。
★計画が中止になり、仕事が徒労《とろう》に終わる。
★眼下《がんか》に広がる景色。
★たのみごとに対して彼《かれ》は難色《なんしょく》を示した。

受験に勝つ!

入試によく出る漢字⑩

10分

――の漢字をひらがなに、カタカナを漢字に、それぞれ直しましょう。〔1問1点〕

1 遠くの建物を**指**す。

2 **純真**な心を持つ人。

3 あの犯人の**罪**は重い。

4 **速**やかに廊下《ろうか》に並ぶ。

5 暑いので、水筒《すいとう》**持参**で外出する。

6 エアコンを調節して**快適**な室温を保つ。

7 ケヤキの**街路樹**が続く道。

8 **退屈**で居眠《いねむ》りをする。

9 車の**原動力**はガソリンだ。

10 グラフが**下降線**をたどる。

11 遊びのさそいを**断**る。

12 しかけ時計が三時を**告**げる。

13 食べたいという**欲求**をおさえる。

14 **強制**されるのはきらいだ。

15 運動会の開会を**宣言**する。

16 食後に**果物**を食べる。

17 運転中のよそ見は**禁物**だ。

18 歌手の登場にカンセイが上がった。

19 大雨で川の水かさがマす。

20 ヤオヤで大根を買う。

21 人質が無事にカイホウされる。

22 お客さんに食事をススめる。

23 ヨクアサは早起きをしよう。

24 おそいチュウショクをとる。

25 ショウボウショの見学にいく。

26 塾《じゅく》の夏期コウシュウに通う。

27 あのニクヤのコロッケはおいしい。

28 一年生イガイが参加した。

29 電車の席がアく。

30 シャワーをアびてから出かける。

31 ホンヤで雑誌を買う。

32 お正月のコウケイを写した写真。

33 現実をチョクシしたほうがよい。

点数チェック	
1回目	点
2回目	点
3回目	点

/33点

入試によく出る漢字⑩

答えとアドバイス

106・107ページ

1 さ
「指す」…(例)右を指す。犯人を指す。

「差す」…(例)かさを差す。日が差す。

2 じゅんしん

3 つみ

4 すみ
送りがなに注意!

「速か」ではなく「速やか」です。

5 じさん

6 かいてき
「適」を「敵」や「摘」と
まちがえないように
しましょう。

7 がいろじゅ

8 たいくつ

9 げんどうりょく
「活動を起こす
もとになる力」
という意味です。

10 かこうせん
「下降」の反対の言葉は
「上昇《じょうしょう》」です。

11 ことわ
送りがなに注意!

「断わる」ではなく「断る」です。

12 つ

13 よっきゅう
「欲しがり求める」

という意味です。

14 きょうせい
「強いる」と似た意味の
言葉です。あわせて
覚えましょう。

15 せんげん
「宣」は「日」の上下に一本ずつ
横棒が入ります。

16 くだもの

17 きんもつ
「物」を「もつ」と
読む言葉には、他に「荷物」
「作物」などがあります。

18 歓声
「歓」を「観」や「勧」と
まちがえないようにしましょう。

19 増

20 八百屋
「八百《やお》」には「数がとても多い」

という意味があります。

21 解放

22 勧
「勧める」…あることをするように
さそいかけること。
「進める」…前進させること。

23 翌朝

24 昼食

25 消防署
「署」の部首は「あみがしら」です。

26 講習
「講」を「構」や「購」と
まちがえないようにしましょう。

27 肉屋

28 以外
同じ読みの「意外」(37ページ26)と
まちがえないようにしましょう。

29 空
「開《あ》く」との使い分けに注意しましょう。

30 浴

31 本屋

32 光景

33 直視
「目をそらさず、まっすぐに見る」

という意味です。

第11話 バスケがくれた力

だんだん成績が上がってきて、調子を取りもどしたユウヤ。
ある日、思いがけない人物から電話がかかってきます。

オレは自分の部屋の机の前に座ったまま「うーん」と大きなのびをした。

今日は夏休み最後の日。明日から二学期が始まる。学校の宿題はとっくに済ませてあった。そんな夏休みを過ごしたのは生まれて初めてだ。

「夏休みを制するものは受験を制する」ってよく言うけれど、オレ、この夏休み、結構がんばったと思う。この成果を入試本番で発揮できるといいな。そんなことを考えながら、視界の端のバスケットボールを見つめた。

「ああ、早くバスケしてぇ！」

バスケを休むことにしてから、まだそんなに経っていないけれど、もうずいぶん長いこと休んでいる気がする。すっかり運動不足だ。

毎日長時間机に向かっていると、背中が丸まって体が縮んでいくように感じる。もしかして姿勢が悪くなっている？ オレは大きく胸を反らした。

コーチがいつも言っていたな。ストレッチで血の巡りをよくすると、体が動かしやすくなってけがを防げるって。試合中の負傷退場なんてしたくないしなあ。まあ当分、試合には出られないけれど……。

ドアをノックする音が聞こえた。「はい」と答えると、姉ちゃんがドアのすきまから顔を出した。

「ユウヤ、お風呂《ふろ》空いてるよ。入ったら？」

「お風呂《ふろ》？ ろ、ろ、ろ……露天風呂《ろてんぶろ》っ！」

制《せい》する　成果《せいか》　発揮《はっき》
視界《しかい》　端《はし》　縮《ちぢ》む
姿勢《しせい》　反《そ》らす　巡《めぐ》る
負傷《ふしょう》

「なんで急にしりとりだよ？　しかもまた『ろ』かいっ！　勉強は？」

「今日はもう終わり。ストレッチしていたんだ」

「ストレッチ？　バスケ、休んでいるのに？」

「でも、体をのばすと気持ちいいよ。見よ！　この軽やかな身のこなし」

オレは足を高く振《ふ》り上《あ》げようとして失敗し、しりもちをついた。

「あいたた……」

「ユウヤ、最近、調子よさそうだね。ちょっと前はブスッとしていてさ、受験なんてやめればいいのにって思ったけれど。まあ、がんばりなよ」

そう言って、姉ちゃんはオレの部屋を出ていった。

なんだよ、それ。少し前まではオレのこと、批判してばっかりだったくせに……。ようやくオレが受験に本気だってことを認めたのかな。

そういえば一年くらい前、ペットを飼いたいから、二人で両親を説得しようって姉ちゃんと言っていたのに、その話もしなくなったな。きっと、オレの受験が終わるまで、我慢《がまん》しようと思ってくれたんだろう。

よし、合格したらお祝いにペットを飼わせてって言おう。受験に協力してくれている姉ちゃんのためにも。

夏休み明けのテストで、オレはハイクラスにもどることができた。

軽《かろ》やか　批判《ひはん》　認《みと》める
飼《か》う　説得《せっとく》　お祝《いわ》い

コレもよく出る！

★時代の様相《ようそう》を表す芸術作品。
★徒党《ととう》を組んで強い相手に立ち向かう。
★銀行で横領《おうりょう》事件が発覚する。
★皮相《ひそう》な見方をしていては真相はわからない。
★城の天守閣《てんしゅかく》が改修される。

エマはまだ前のクラスのままだったけれど、そんなに落ちこんではいないようだった。

「私たちの最終目標は合格であって、ハイクラスに行くことじゃないもんね。私はマイペースでがんばるよ！」

と、笑って送り出してくれた。

そう、どう考えても、オレたちにとっては今が正念場。落ちこんでいるひまなんてないんだよな。

二学期に入ってすぐ、塾《じゅく》で三者面談が行われることになった。

「次、ユウヤだね。入って」

オレは、母さんと並んで座った。机をはさんで向かいに松永《まつなが》先生が座る。

母さんは、以前オレが塾《じゅく》へ行かずに先生に心配をかけたことを、開口一番謝った。

「いえいえ。こちらもユウヤくんの気持ちに気づいてあげられなくて申し訳なかったです。でも、あれからユウヤくんは、バスケをしたい気持ちとたたかいながら、無我夢中でがんばってきたと思います。成績も徐々《じょじょ》にのびていますよ」

先生の言葉に、母さんはほっとしたようだった。

「そうですか。本当はもっと早く、バスケを休んで勉強に専念させるべき

正念場《しょうねんば》　並《なら》ぶ　無我夢中《むがむちゅう》

だったのかもしれないってなやんでいたのですが……」

「いや、ユウヤくんの場合、一学期の途中《とちゅう》までバスケを続けたのはかえってよかったかもしれませんよ」

それを聞いて、オレと母さんは顔を見合わせた。

「もちろん、バスケをやっていた分の時間を勉強にあてるのは効果的です。でも、ユウヤくんがバスケで**培**った集中力や体力、持続力は、受験勉強にも必ず生きてきます。毎年、習い事をやめてからぐんと成績がのびる子が多いんです」

「そうなんですか!」

母さんが**驚嘆**の声を上げた。今まで、単純に好きだから続けていたバスケが、オレの受験勉強を**支**える力になっていると聞いたのだから、驚くのも無理はない。もちろん、オレにとっても意外な話だった。

そっか。夢中になって取り組んだことって、一見関係なさそうな場面でも役に立つんだ。むだなことなんて何ひとつないんだな。

そう考えると、今までバスケをやってきた日々が、まるで**宝石**のようにキラキラして**価値**のあるものに思えてきた。

ある日、思いがけない人から電話がかかってきた。カナタだ!

培《つちか》う　驚嘆《きょうたん》　支《ささ》える
宝石《ほうせき》　価値《かち》

コレもよく出る!

- たくさんの本を著述《ちょじゅつ》した作家。
- 命を助けてくれた恩《おん》を忘れない。
- 会社の業績《ぎょうせき》が思わしくない。
- 長い議論がようやく帰結《きけつ》した。
- 横綱《よこづな》が土俵《どひょう》に上がる。

「あっ、ユウヤ？　今度、法事でそっちへ行くことになったんだ。ひさびさにチームにも顔を出したいから、一緒に行こうよ！」

もしかして、またカナタと一緒にバスケができる？　胸が高鳴った。

ひさびさの**再会**を果たし、体育館に向かう途《と》中《ちゅう》で、カナタはオレに小さな**包**みをくれた。

「何これ？」

「お**土産**。夏休みに家族で旅行したんだ。ユウヤ、前にお土産送ってくれただろ」

「ああ、それでお返しってこと？　カナタって**律儀**だな」

包みを開けてみると、中からバスケットボールの形をしたキーホルダーが出てきた。

「どこへ行ったとか全然関係ないお土産なんだけど。やっぱりユウヤっていったら、バスケしかうかばなかったんだ」

カナタはそう言って笑った。オレは、キーホルダーをにぎりしめたまま、しばらく何も言えなかった。言葉を口にすると、涙《なみだ》が出そうだったのだ。

明日には、カナタは遠くの県へ帰ってしまう。おたがい試験に合格して、バスケ部に入ったら、対戦できる可能性はあるけれど、もう同じチームで一緒にプレーすることはできないんだ。その事実を改めて実感した。

再会《さいかい》　包《つつ》み　土産《みやげ》
律儀《りちぎ》

オレはカナタとともに、ひさしぶりにバスケの練習に参加した。体育館に入ると、コーチもチームメイトも温かくむかえてくれた。

練習試合でも大会でもないただの練習だったけれど、四年生のときに一緒にバスケを始めたカナタとプレーできることが、ただただうれしかった。

「ユウヤ、受験がんばろうな！」

「おう！　おたがい早くレギュラーになって対戦しようぜ！」

オレとカナタは、手が痛くなるほど強いハイタッチを交わして、体育館をあとにした。

痛《いた》い　交《か》わす

コレもよく出る！

★有名な作家の門下《もんか》に入る。
★母は古い友人と再会し旧交《きゅうこう》を温めた。
★災害からの復興《ふっこう》が進む。
★神様を拝《おが》んで合格をいのる。
★食生活と病気には因果《いんが》関係がある。

受験に勝つ！

入試によく出る漢字⑪

8分

――の漢字をひらがなに、カタカナを漢字に、それぞれ直しましょう。〔1問1点〕

1 きりが視界をさえぎり、前が見えない。（　　）

2 驚嘆の声を上げる。（　　）

3 ベンチの端に座る。（　　）

4 胸を反らす。（　　）

5 生徒の努力を認める。（　　）

6 律儀にあいさつをする。（　　）

7 飛び出そうとする子どもを制する。（　　）

8 試験に向けて、今が正念場だ。（　　）

9 ゲームに夢中になって時間を忘れる。（　　）

10 三年ぶりに再会した友だち。（　　）

11 セーターが縮む。（　　）

12 考える力を培うパズル。（　　）

13 力を発揮する。（　　）

14 家を支える大黒柱。（　　）

15 旅行のお土産をもらう。（　　）

16 商店街を巡る。（　　）

17 学習の成果を発表する機会。（　　）

18 この絵には百万円のカチがある。

19 正しいシセイで文字を書く。

20 反対する親をセットクする。

21 あちこちからヒハンを受ける。

22 水そうでメダカをカう。

23 誕生日のおイワいをする。

24 体育の授業でフショウした。

25 店内にナラぶ雑貨を見る。

26 母が大事にしているホウセキ。

27 お菓子《かし》のツツみ紙。

28 昨日からおなかがイタい。

29 カロやかな足取りで歩く。

30 固い握手《あくしゅ》をカわす。

点数チェック

1回目	点
2回目	点
3回目	点

/30点

入試によく出る漢字⑪

答えとアドバイス

116・117ページ

1 しかい　同じ読み方の言葉に「司会」などがあります。

2 きょうたん　「すばらしいことに驚き感心する」という意味です。

3 はし

4 そ

5 みと

6 りちぎ　「とても義理がたい」という意味です。

7 せい　「製」とまちがえないようにしましょう。

8 しょうねんば　「その人にとっての大事な場面」という意味です。

9 むちゅう

10 さいかい　「再会」…再び会うこと。「再開」…再び始めること。

11 ちぢ

12 つちか　送りがなに注意！「培かう」ではなく「培う」です。

13 はっき　「揮」を「輝」とまちがえないようにしましょう。

14 ささ

15 みやげ

16 めぐ　「巡」は「じゅん」とも読み、「巡回」「巡演」などの使い方があります。

17 せいか　「なしとげた結果」という意味です。

18 価値

19 姿勢

20 説得

21 批判　「批」には「品定めをする」という意味があります。

22 飼　「買う」とまちがえないように、文全体の意味から考えましょう。

23 祝　部首は「しめすへん」です。

24 負傷　「傷を負う」で「負傷」です。

25 並

26 宝石　「宝」は「玉」に「うかんむり」。「王」にしないようにしましょう。

27 包

28 痛

29 軽

30 交　「あいさつを交わす」、「手紙を交わす」というときにも使います。

第12話 過去問を解く意味

志望校の過去問に取り組み始めたタクト。
自信を持って取り組んだものの、思うように点が取れず、
ショックを受けます。

「おーい、タクト！　調子はどうだ？」

ある日の塾《じゅく》の帰り際、松永《まつなが》先生に声をかけられた。

「バッチリですよ！　先生にコツを伝授してもらったおかげで、物語の読解にも自信がついたし、最近、国語の成績も順調に上がってきているんです」

「そうか。それはたのもしいな！」

これまで、ぼくは塾《じゅく》の普段《ふだん》の授業だけでなく、日曜の特訓講座や夏期講習など、ハイクラスの授業についていこうと、必死にがんばってきた。

いよいよ二学期は、志望校の過去問題に取り組み始める。ぼくはこのときを待っていた。自分の力がどれくらい通用するのか、挑戦したくてうずうずしていたのだ。

九月に入ると、過去問演習が解禁された。そのとき、松永《まつなが》先生からは、こんなアドバイスをもらっていた。

「過去問に取り組むには、土曜日の午前中を使うといい。入試本番と同じ時間帯に問題を解くんだ。ちゃんと時間を計って、終了《しゅうりょう》時間までに解き終わるようにする。本番さながらの緊張感を持って取り組むことが大切だよ」

「よーし、やるぞ！」

ぼくは、早速、楓《かえで》中学校の問題に取り組んだ。

その結果、ぼくの自信はあっけなく打ちくだかれてしまった。まったく

伝授《でんじゅ》　順調《じゅんちょう》　特訓《とっくん》
通用《つうよう》　挑戦《ちょうせん》　計《はか》る
早速《さっそく》

できなかったわけではないけれど、正解率は四割くらい。これじゃあ、合格最低ラインの六割にはほど遠い。

「一学期の最後の志望校判定模試では、合格可能性は高かったのに……なんでなんだ？」

ぼくは自分の実力に**疑念**をいだき始めた。いくら成績がのびたといっても、志望校の問題に正解できなかったら、合格することはできない。いったい、どうしたらいいんだろう？

「タクト、過去問に挑戦しているんだろう？　どうだった？」

松永《まつなが》先生に話しかけられ、ぼくはモヤモヤした思いを打ち明けた。

「今の時点で、過去問の点数が低くても、あせることはないよ。タクト、模試やテストの成績は上がっているのに、志望校の過去問だと点数が取れないのは、なんでだと思う？」

突然《とつぜん》、そんな質問をされて、ぼくはとまどいながらも答えた。

「うーん……**相性**が悪いとか？」

疑念《ぎねん》　**相性**《あいしょう》

コレもよく出る！

☆そんなに喜んでもらえるとは本望《ほんもう》だ。

☆洪水《こうずい》に備えて堤防《ていぼう》を築《きず》く。

☆燃えないごみは月曜日に収集《しゅうしゅう》される。

☆そんな態度では話し合う余地《よち》がない。

☆結婚式《けっこんしき》に招待《しょうたい》される。

「うん、たしかに相性もあるけれど、タクトの場合はそうじゃないよ」

松永《まつなが》先生の言葉に、ぼくは首をかしげた。

「中学入試の問題って、模試とちがって学校ごとに作成するから、それぞれに出題傾向があるんだ。タクトは、それにまだ慣れていないだけだよ」

言われてみれば、楓《かえで》中の過去問は模試の問題とは全然ちがっていた。たとえば、模試の算数だと大きな問題が十題あるのに、楓《かえで》中の算数の過去問は五題しかなかった。しかも、模試だと簡単な計算問題から始まるのに、いきなり難しい問題から始まっていた。また、算数なのに「説明しなさい」という問いがあって、問題の意図がわからず答えられなかったけれど、解答を見ると、意外に簡単な答えだったなんてこともあった。

そっか、もっとこの傾向に慣れればいいのか。でも、どうやって?

「数年分の問題をやっていくうちにわかってくるよ。それから解き直しをしっかりやることだね。先生もアドバイスしてあげるから、解いたら解答用紙と問題用紙を持っておいで」

「はい!」

なるほど、ただがむしゃらに解けばいいというもんじゃないんだ。相手のことも知らないで、作戦も立てずに向かっていっても勝てるわけがない。それに、時間配分も考えないと、タイムオーバーになってしまう。

傾向《けいこう》　慣《な》れる　意図《いと》

こんなことを言うと、非常識だと思われるかもしれないけれど、問題の傾向に慣れて時間内に対処するってところ、ゲームに似ているなと思った。

実は、ぼくは幼少のころからゲームが大好きだ。どちらかというと、バトルものよりはパズル系やロールプレイングのほうが好み。

ゲームの場合、基本的な操作方法は終始変わらないけれど、クリアするために必要な条件が、場面ごとに異なってくる。

最初はその条件がわからないからむだに右往左往してしまい、時間切れになってしまうが、慣れてくると的確に対処できて、スムーズに進めるようになる。こういう経験をくり返していくと、新たな場面に出合ったときにも、ある程度パターンが読めるようになってくるのだ。

ふふ、ゲームと一緒かあ。そう思うと急にやる気が出てくる。これなら、過去問を解くのも楽しめそうだ。

もちろん、来年の入試本番で、過去問とまったく同じ問題が出るわけじゃない。それでも過去問を解くことで経験値を上げることが重要なんだ。

今さらながら、過去問を解くことの意味を、心から納得したぼくだった。

「ゲームを引き合いに出して納得するなんて、いかにもタクトらしいな」

ぼくの話を聞いた兄ちゃんが、笑いながらそう言った。

非常識《ひじょうしき》　対処《たいしょ》　幼少《ようしょう》
好《この》み　基本的《きほんてき》　操作《そうさ》
終始《しゅうし》　条件《じょうけん》　異《こと》なる
右往左往《うおうさおう》　的確《てきかく》　程度《ていど》

コレもよく出る!

★犯人といわれていた人は潔白《けっぱく》だった。
★ヨーロッパの国々を歴訪《れきほう》する。
★話の焦点《しょうてん》が定まらない。
★風邪《かぜ》をひき、母の看病《かんびょう》を受ける。
★新緑《しんりょく》の美しい季節になった。

「ところで、楓《かえで》中の他には、どこを受けるんだ？」

兄ちゃんの質問に、ぼくは言いよどんだ。

もちろん、塾《じゅく》では併願校《へいがんこう》の話も出ているが、正直、楓《かえで》中以外に受かったとしても、そこに進学するつもりはない。行くつもりのない学校の試験を受けるために時間を割くよりは、楓《かえで》中の試験に全力を注いだほうがいいような気がする。そう話すと、兄ちゃんはこう言った。

「気持ちはわかるけれど、受験を経験した先輩として、第一志望以外の学校も受けたほうがいいと思うよ」

注《そそ》ぐ

「どうして？」

「入試会場って**独特**の雰囲気があるんだ。模試では全然緊張しなかった友だちが、最初の入試会場でうき足立《あしだ》ってしまって、問題が頭に入ってこなかったって言っていたよ。そいつはそこが本命だったのに、不合格だった」

「それはこわいね」

「だから、本命校の前に、別の学校で本番の入試を経験しておくのが**理想**的なんだよ。雰囲気を知っているだけでも、だいぶちがうと思うから」

「そっか。でも、本音を言うと、本命校の試験の前に他の学校の結果が出て、それが不合格だったらキツイなって……」

「うん。安全圏《あんぜんけん》の学校でも、必ず受かるとは限らないからな。でも、合格すれば、リラックスして本命校の受験日をむかえられるし、弾みがつくぞ」

「わかった。参考にするよ。ためになる**情報**をありがとう！」

兄ちゃんのアドバイスに感謝しつつ居間へ行くと、父さんがイヤホンをしてテレビを見ていた。ぼくの勉強の邪魔《じゃま》にならないようにという気づかいだろう。家族みんなが、ぼくの受験に協力してくれている。その気持ちに**報**いるには、合格するしかない！　必ず合格して、家族に「ありがとう」って言えるようにがんばろう！

ぼくはそう心に**刻**んだ。

独特《どくとく》　理想的《りそうてき》　情報《じょうほう》
報《むく》いる　刻《きざ》む

コレもよく出る！

- 象形《しょうけい》文字を研究する。
- すぐに謝った彼《かれ》の態度は潔《いさぎよ》い。
- 国語の時間に詩を朗読《ろうどく》する。
- 道路の拡張《かくちょう》工事が始まる。
- 先生の家の庭を拝見《はいけん》する。

受験に勝つ！

入試によく出る漢字⑫

8分

――の漢字をひらがなに、カタカナを漢字に、それぞれ直しましょう。〔1問1点〕

1 とっておきの技を伝授する。（　）

2 小学二年生程度の計算。（　）

3 きちんと話をして疑念を晴らす。（　）

4 ハンドルの操作を誤る。（　）

5 常識をくつがえす発想。（　）

6 理想の中学校生活。（　）

7 母がねぎを刻む。（　）

8 終始しゃべり続けていた。（　）

9 もらったお菓子《かし》を早速食べた。（　）

10 異なる国の文化。（　）

11 場所がわからず右往左往する。（　）

12 彼《かれ》の行動の意図はわからない。（　）

13 天気がよいと、客が増える傾向がある。（　）

14 問題に対処する。（　）

15 独特の色づかいで描《えが》いた絵。（　）

16 恩に報いる行動。（　）

17 相性をうらなう。（　）

18 先生のアドバイスはテキカクだ。

19 新しい生活はジュンチョウだ。

20 ジョウケンつきで引き受ける。

21 世界にツウヨウする技術。

22 インターネットでジョウホウを得る。

23 転校先の学校にナれる。

24 祖母はうすい味をコノむ。

25 キホンの動きを真似する。

26 時間をハカる。

27 水泳のトックンを受ける。

28 空手にチョウセンする。

29 熱いコーヒーをカップにソソぐ。

30 ヨウショウのころの写真を見る。

点数チェック	
1回目	点
2回目	点
3回目	点

/30点

入試によく出る漢字⑫

答えとアドバイス

126・127ページ

1 でんじゅ　「授」は「受」とまちがえないようにしましょう。

2 ていど

3 ぎねん　「疑わしく思う気持ち」という意味です。

4 そうさ　「作」を「さ」と読む言葉は、他に「作業」「動作」などがあります。

5 じょうしき

6 りそう　「そうであってほしいと思う状態」をいいます。

7 きざ

8 しゅうし　「始まりから終わりまで」という意味です。

9 さっそく

10 こと　送りがなに注意！「異る」ではなく「異なる」です。

11 うおうさおう　「混乱してあっちへ行ったりこっちへ来たりする」という意味です。

12 いと

13 けいこう　「ものごとの状態や性質が、ある方向にかたむくこと」をいいます。

14 たいしょ　「状況に合わせて適切に対応する」という意味です。

15 どくとく　「他にはなくそのものだけが特別にもっていること」をいいます。

16 むく　「報い」という名詞の形でも使います。

17 あいしょう　「性」を「しょう」と読む言葉は、他に「性分」「本性」などがあります。

18 的確　「適格」と書かないように気をつけましょう。

19 順調

20 条件

21 通用

22 情報

23 慣

24 好

25 基本

26 計　数字や時間をはかる…「計る」　長さや面積をはかる…「測る」　重さをはかる…「量る」

27 特訓

28 挑戦　「挑」には「挑《いど》む」という使い方もあります。

29 注

30 幼少

第13話 逆転合格を果たすには？

ついに受験のシーズンがやってきました。エマは、緊張しながら、併願校《へいがんこう》の受験に挑みます。

晩秋には時雨が降る日が続き、徐々《じょじょ》に冷えこんでいって冬をむかえた。

今年は暖冬だと言われているけれど、実際のところどうなんだろう？　受験が始まる一月から二月にかけて厳寒となり、試験当日に吹雪なんてことになったら、交通機関に影響が出て、試験会場にたどりつけないかもしれない。そんな羽目にならないようにと、願うばかりだ。

ママとは、バレエをやめてすぐのころにもめたこともあったけれど、今はとても感謝している。ほぼ毎日、塾《じゅく》への送りむかえやお弁当作りをがんばってくれていて、ママの協力なしでは受験なんてできなかっただろう。

うちのママは、専業主婦というわけではない。会社に勤めながら料理などの家事もこなして、さらに私の受験のサポートで大変だったにちがいない。でも、常に笑顔で少しもつかれた姿を見せないのが、ママのすごいところだ。そんなママを見ていると、私も簡単に弱音なんてはけない。椿《つばき》が丘《おか》女子中学校に無事に合格して、会心の笑みをうかべるママを見たいなあ。


年が明けると、塾《じゅく》での入試直前特訓講座を受講するため、ひさびさにココナ、タクト、ユウヤと私の四人がそろった。

昼休み、一緒にお弁当を食べているとき、突然《とつぜん》、ユウヤが言った。

「なあ、受験が終わったらさ、四人でどっかへ遊びにいかない？」

晩秋《ばんしゅう》　時雨《しぐれ》　暖冬《だんとう》
厳寒《げんかん》　吹雪《ふぶき》　交通機関《こうつうきかん》
影響《えいきょう》　羽目《はめ》　専業主婦《せんぎょうしゅふ》
勤《つと》める　料理《りょうり》　弱音《よわね》
会心《かいしん》

「いいね！」

と言った三人の声がぴたりと重なったので、私たちは笑い合った。

「よっし、じゃあ、それをはげみに、あと少しがんばりますか！」

ユウヤはそう言うと、みんなにハイタッチを求めた。手がじんじんするくらいたたき合って、私たちはそれぞれの席にもどっていった。

クリスマスとかお正月とか、本来なら楽しみなはずの行事も、今年はそこまではしゃげない。すぐそこに入試がせまっているという現実が、頭からはなれないからだ。

本来《ほんらい》

コレもよく出る！

★今回の選挙の結果は予断《よだん》を許さない。
★空中逆上がりを体得《たいとく》する。
★書類に署名《しょめい》する。
★風邪《かぜ》薬を内服《ないふく》する。
★支持《しじ》する政党に投票する。

そんな中、ひさしぶりに四人で和気あいあいと話せてうれしかった。この塾《じゅく》へやってきて、初めてできた仲間たち。みんな、第一志望校に合格するといいなあ。

実は、私の現時点での成績は、まだ椿《つばき》が丘《おか》女子の合格圏内《ごうかくけんない》には至っていない。ココナはもう、クリアしているようだった。

一緒に受験して、私だけ不合格だったらいやだなあと思うけれど、やっぱり最後まであきらめたくない。先に受験する併願校《へいがんこう》に合格して弾みをつけ、椿《つばき》が丘《おか》女子にも合格するぞ！

ある日、塾《じゅく》の授業が終わったあと、ママがむかえにきてくれるまでの間、私は勇気を出して、松永《まつなが》先生にこんな質問をした。

「先生、この時期に合格圏内《ごうかくけんない》に達していなかった人で、ちゃんと第一志望校に合格した人っていますか？」

自分で聞いておいて、答えを聞くのがこわくなる。心臓に悪いな。

「うん、たくさんいるよ」

先生の言葉に、心がふわっと軽くなった。たくさんいるんだ。この状況《じょうきょう》から合格するのは至難の業《わざ》だよ、なんて言われなくてよかった。

「そういう人たちって、入試直前にはどんな勉強をしていたんですか？」

和気《わき》あいあい　至《いた》る　至難《しなん》

「エマはどう思う？」

「うーん、やっぱり難問をたくさん解いていたとか？」

「そういう子もいるね。でも、それだけが有効な勉強方法とは限らないんだ。実は入試直前の勉強って、人それぞれちがうんだよ。だって、みんな目指す学校も状況《じょうきょう》もちがうからね。たとえば応用問題で差がつくような学校を第一志望にしているなら、応用問題を中心に復習しなくてはいけない。でも、基本問題や標準問題が多く出題されるような学校なら、難しい問題をやるよりも、もっと基本的な問題で弱点になっているところを中心に勉強したほうがいい。エマの志望校はどちらかというとこっちだね」

「じゃあ、難しい問題はやらなくてもいいんですね」

「みんなかんちがいして、この時期に難しい問題ばかり解こうとするんだけど、基本や標準レベルの問題で差がつくケースも多いんだ。だから、そうした問題で確実に点を取れるようにしたほうが、逆転合格に結びつきやすいんだ。まずは基礎《きそ》を固めきることが最優先。そのうえで応用問題に取り組むようにするといいよ」

「はい！」

それから、私は過去問の中の基本問題と思われる問題を片っぱしからやり直した。すると、以前はできたのに今回はできなかった問題があった。

有効《ゆうこう》
逆転《ぎゃくてん》

コレもよく出る！

★化学の実験《じっけん》をする。
★彼《かれ》のピアノの腕《うで》は円熟《えんじゅく》している。
★天の加護《かご》をいのるのみだ。
★合格祝賀会《しゅくがかい》が行われる。
★成人は人生の節目《ふしめ》だ。

きっと、こういう問題が危ないんだな。

そうした勉強を続けながら、私はついに最初の受験日をむかえた。

幸いなことに、雨具の出番がない天候にめぐまれたおだやかな日だった。交通機関の乱れもなく、私は時間に余裕《よゆう》をもって試験会場へ着くことができた。

この学校を受けるのは、塾《じゅく》の仲間の中では私だけ。たったひとりで試験会場にいると、どんどん緊張してくる。パパが試験で緊張する性分だって言っていたから、遺伝なのかな。

私は、自分の席で何度も何度も大きく深呼吸した。そして、今までがんばってきた証《あかし》のノートを見直す。

大丈夫《だいじょうぶ》、大丈夫《だいじょうぶ》。できる限りのことはやってきたんだ。

いよいよ、問題と解答用紙が配られた。「始め」の合図で取りかかる。

緊張のせいか、問題文を理解するのに想定外に時間がかかっている。一回読んだだけでは頭にスッと入ってこない。だめだ、落ち着かなくちゃ。このペースじゃ、時間が足りなくなっちゃう！

そのとき、頭の中に松永《まつなが》先生の声がひびいてきた。まるで、すぐそこにいるんじゃないかと思うくらい、リアルな声だ。

危《あぶ》ない　雨具《あまぐ》　乱《みだ》れ
性分《しょうぶん》　遺伝《いでん》　深呼吸《しんこきゅう》
合図《あいず》　想定《そうてい》

「あせらないで、できる問題からしっかり解くこと！」

そうだ、先生はそう言っていた。できそうな問題を探し、一問一問を確実に解いていくうちに、私はだんだん落ち着きを取りもどしていった。よし、これなら大丈夫《だいじょうぶ》。ちゃんと実力が発揮できる。私は、解答欄《らん》を**誤**らないよう、**細心**の注意を**払**いながら答えを書いていった。

たしかな手応えを感じつつ、私は生まれて初めての受験を終えた。

結果は、その日のうちに発表された。自信はあったけれど、やっぱり結果を知るのは少しこわかった。あんなにドキドキしたこと、今までにないかも。

「合格よっ！　エマ、よかったね！」

インターネットで受験結果を見たママが、瞳《ひとみ》をうるませてさけんだ。

「ああ、よかったあ！」

思わず私も、大声で言ってしまった。

まだ本命校じゃないけれど、一校でも合格できたことは、私にとってとても大きなできごとだった。

誤《あやま》る　細心《さいしん》　払《はら》う

コレもよく出る！

★似たような問題から答えを類推《るいすい》する。
★新しい産業を創始《そうし》する。
★人間の骨格《こっかく》を表した模型。
★痛快《つうかい》な逆転勝利を収める。
★二軍にいた選手が頭角《とうかく》を現す。

受験に勝つ！

入試によく出る漢字⑬

8分

——の漢字をひらがなに、カタカナを漢字に、それぞれ直しましょう。〔1問1点〕

1 この絵はぼくの会心の作だ。（　）

2 時雨が降り続く。（　）

3 二つの言語を習得するのは至難の業《わざ》だ。（　）

4 北海道は厳寒の地だ。（　）

5 親友の前で弱音をはく。（　）

6 晩秋の寒さが身にしみる。（　）

7 本来とはちがったやり方。（　）

8 九回裏で逆転ホームランを打った。（　）

9 吹雪が村をおそう。（　）

10 たのまれたら断れない性分だ。（　）

11 強い風で髪《かみ》が乱れる。（　）

12 うちの班は和気あいあいとしている。（　）

13 雨具をリュックに入れる。（　）

14 深く呼吸をして、気持ちを落ち着かせる。（　）

15 今年は暖冬で雪が少ない。（　）

16 頭のよさが遺伝する。（　）

17 バスの運賃をカードで払う。（　）

18 母は専業シュフだ。（　　）

19 交通キカンが発達した土地。（　　）

20 旗を振《ふ》ってアイズする。（　　）

21 テレビのエイキョウで人気の商品。（　　）

22 大地震《おおじしん》をソウテイして備える。（　　）

23 すべてやり直すハメになる。（　　）

24 父がツトめる会社に電話する。（　　）

25 中華《ちゅうか》リョウリを食べる。（　　）

26 サイシンの注意を払う。（　　）

27 ここにイタるまでの道を振《ふ》り返《かえ》る。（　　）

28 クーポン券は月末までユウコウだ。（　　）

29 そっちの道はアブないよ。（　　）

30 進む道をアヤマる。（　　）

点数チェック

1回目	点
2回目	点
3回目	点

/30点

入試によく出る漢字⑬

答えとアドバイス

136・137ページ

1 かいしん
「会心」…満足すること。
「改心」…今までのことを反省し、心を改めること。

2 しぐれ
秋の末から冬の初めにかけて降る一時的な雨のことです。

3 しなん
「この上なく難しい」という意味です。

4 げんかん
「厳しい寒さ」で「厳寒」です。

5 よわね
「音」を「ね」と読む言葉は、他に「音色」「本音」などがあります。

6 ばんしゅう

7 ほんらい
「もともとそうである」という意味です。

8 ぎゃくてん

9 ふぶき
「吹」には「吹《ふ》く」という使い方もあります。

10 しょうぶん
「生まれつきの性質」という意味です。

11 みだ

12 わき
「和気あいあい」は「みんなで集まり楽しんでいる様子」のことです。

13 あまぐ

14 こきゅう

15 だんとう

16 いでん
「遺」には「遺《のこ》す」という使い方もあります。

17 はら

18 主婦
「主夫《しゅふ》」という言葉もあり、家事を担う男性を表します。

19 機関
同じ読み方の言葉に「期間」「器官」があります。

20 合図

21 影響

22 想定

23 羽目

24 勤
「勤める」…職に就くこと。
「務める」…役割を引き受け、仕事をする。
「努める」…努力すること。

25 料理

26 細心
「細心」…細かいことまで心を配ること。
「最新」…いちばん新しいこと。

27 至
「至るところ」「大事に至る」「現在に至る」などの使い方もあります。

28 有効
「効」には「効《き》く」という使い方もあり、「薬が効く」などと使います。

29 危

30 誤
「誤る」…まちがえること。
「謝る」…悪かったとおわびをすること。

第14話 本命受験の前日・当日

いよいよ、本命校の受験をむかえるエマたち。
四人それぞれの、たたかいが始まります。

本命校受験の前日
～ユウヤの場合～

「ユウヤ、ご飯だよ！」

姉ちゃんに呼ばれて食卓《しょくたく》につくと、おいしそうなおかずが並んでいた。

「うまそうだね！」

「そうでしょう。お姉ちゃんと作ったのよ。ユウヤの好物ばかりよ」

「姉ちゃんも作ったの？　やばい、明日は雪かな？」

母さんの横で、姉ちゃんがオレをにらみながら言う。

「失礼な！　ユウヤが明日、楓《かえで》中の受験だっていうから、二人で腕《うで》によりをかけたっていうのに。げんを担いでとんカツもあるんだよ」

とんカツの他にも、色とりどりの野菜とホタテの貝柱が入ったサラダなど、副菜も充実《じゅうじつ》していた。どれもこれもおいしそうだ。

「ごめんごめん、冗談《じょうだん》だよ。ありがとう！」

オレ、感動した。今日までの疲労がふっ

好物《こうぶつ》　担《かつ》ぐ　野菜《やさい》
貝柱《かいばしら》　副菜《ふくさい》　疲労《ひろう》

とびそうだよ。こんなにみんなに協力してもらったんだから、第一志望合格という**有終**の美をかざることができないと、申し訳ないな」

言いながら、鼻の奥《おく》がつんとしてきた。油断すると涙《なみだ》が出そうだ。

家族がオレの受験のために**一丸**となって応援《おうえん》してくれている。みんなのためにも**期待**に応えなくては。

〜タクトの場合〜

兄ちゃんのときもそうだったけれど、ぼくの家は受験の前日だからって、特別なごちそうを用意したりしない。いつも通りの食事をとるほうがいいと、塾《じゅく》で言われたからだ。

だから、食卓《しょくたく》には、いつも通りの夕飯が並んでいた。

「タクト、いよいよ明日だな」

兄ちゃんが言うと、母さんも心配そうにぼくのほうを見た。

「そうだね。まあ、いつも通り問題を解くだけだから、そんなに心配はいらないよ。むしろ、早く終わってほしい」

「タクトは相変わらず余裕《よゆう》だな。**悲願**が**成就**したら、まず何をしたい?」

兄さんの問いに、ぼくは即答《そくとう》した。

「ゲーム!」

有終《ゆうしゅう》の美《び》　一丸《いちがん》　期待《きたい》
悲願《ひがん》　成就《じょうじゅ》

コレもよく出る!

★住民が協力して地域の美観《びかん》を保つ。
★時代の潮流《ちょうりゅう》に乗って成功する。
★新たな顔ぶれで組閣《そかく》する。
★くんしょうを授《さず》ける。
★順境《じゅんきょう》のうちに育つ。

これを聞いて父さんが笑い出した。つられて母さんも笑顔になった。

〜エマの場合〜

夕飯の席は、**異様**な雰囲気に包まれていた。

今日の夕飯は私の大好物のハンバーグだった。好きなものを食べて**英気**を**養**ってほしいというママの気づかいだ。私が食べている様子を、パパとママがじっと見ている。いつもの**和**やかな食卓《しょくたく》とはちがう、妙《みょう》な空気だ。

どうやら、二人は緊張しているらしい。明日、私が椿《つばき》が丘《おか》女子中学校を受験することが、二人をそうさせてしまっているみたい。どう見ても、私より緊張している。

すでに併願校《へいがんこう》の試験に合格していることが、思った以上に私の心の支えとなっていた。緊張しないと言ったらウソになるけれど、カチンコチンになるほどではない。**案外**、パパとママよりも私のほうが**度胸**があるのかも。

「二人ともそんなに緊張しないで。私は大丈夫《だいじょうぶ》だよ。明日はココナも一緒だし、二回目の試験だから、少しはリラックスして受けられると思うよ」

私はそう言ってハンバーグをほおばり、**存分**におなかを満たした。

〜ココナの場合〜

異様《いよう》　英気《えいき》　養《やしな》う
和《なご》やか　案外《あんがい》　度胸《どきょう》
存分《ぞんぶん》

とうとう、おそれていた**悲運**に見舞《みま》われてしまった。

弟のリヒトが、幼稚園《ようちえん》で風邪《かぜ》をもらってきたのだ。

インフルエンザでないことが不幸中の幸いだったけれど、家族会議の結果、受験が終わるまで、あたしは極力リヒトに**接**しないよう言いわたされた。

その夜、リヒトはママに**寒気**がすると**訴**えた。熱が上がってきたせいで**悪寒**がしたのだろう。念のため、パパが車で**救急**病院へ連れていった。

そのさわぎで目を覚まし、一階へ下りると、ママがすまなそうに言った。

「起こしちゃってごめんね、明日は大事な日なのに」

「大丈夫《だいじょうぶ》だよ。苦しいのはリヒトだもん。あたしのことは気にしないで」

「ありがとう。でも、ココナは心配しなくていいから、早く寝《ね》なさい」

「はあい」

あたしはまたすぐベッドへ入ったけれど、いったん目が覚めてしまうと、なかなか寝《ね》つけなかった。

しばらくして、窓の外からパパの車の音が聞こえた。リヒト、大丈夫《だいじょうぶ》だったかな？　そう思いつつ、あたしはうとうととして眠《ねむ》ってしまった。

試験当日の朝をむかえた。リヒトは病院で**解熱**の薬をもらったあと、**安静**にしていたら**快方**に向かったらしい。今朝はもう熱も下がったようだ。たいしたことなくて、本当によかった。

悲運《ひうん》　接《せっ》する　寒気《さむけ》
訴《うった》える　悪寒《おかん》　救急病院《きゅうきゅうびょういん》
解熱《げねつ》　安静《あんせい》　快方《かいほう》

コレもよく出る！

★相手の思惑《おもわく》を推量《すいりょう》する。
★ヨーロッパ行きの船が就航《しゅうこう》する。
★車の構造《こうぞう》について学ぶ。
★脳波は正常《せいじょう》な動きをしている。
★先生が話の帰着点《きちゃくてん》を提示する。

二月一日。第一志望校の入試日。

～ユウヤの場合～

楓《かえで》中学校の校門をくぐろうとしたとき、大勢の人の中に松永《まつなが》先生の姿を見つけた。応援《おうえん》にかけつけてくれたのだ。

先生はオレの右手を両手でぐっとにぎると、

「今までよくがんばったな。ユウヤならできるぞ！　落ち着いていこう！」

と言ってくれた。先生のちょっとごつごつした温かい手から、力をもらっているような気がした。先生の言葉に奮起して、本番もがんばれそうだ。

オレは、少しあとになってやってきたタクトとともに、楓《かえで》中の校内へと足をふみ入れた。

「やべぇ、オレ緊張してきた。タクトは？」

「ん？　ぼくは緊張していないかな」

タクトって、ほんとにいつも冷静だよな。どんな難局にも動じなそう。

試験会場となる教室に入り、指定された席に着く。やがて、問題と解答用紙が配られ、いよいよ試験が始まった。この試験に合格すれば、春からここでバスケができるんだ。そう思うと、格段に緊張が増す。

落ち着くんだ。オレは目をギュッと閉じて、自分にそう言い聞かせた。

そして、この学校の体育館でバスケをしている自分の姿を想像した。する

大勢《おおぜい》　奮起《ふんき》　難局《なんきょく》

格段《かくだん》　閉《と》じる

と、だんだん落ち着いてきた。よし、もう大丈夫《だいじょうぶ》だ。**最善**をつくすぞ！

～タクトの場合～

併願校《へいがんこう》受験のときもそうだったけれど、ぼくはあまり緊張しない。

でも、緊張するのって、悪いことばかりじゃないらしい。ある程度の緊張感をもって挑むことが、よい結果を生むこともあるみたいだ。だから、ぼくは緊張するみんなのことが、逆にちょっとうらやましい。

今年の試験問題は、過去問よりも易しい印象だった。以前は苦手だった物語の読解問題も、すらすらと解くことができた。

でも、これだと平均点が高いだろうな。自分としてはよくできたと思っても、合格できないってこともあるかもしれない。自分の**力量**を過信せずに、一問も落とすことがないよう、しっかり確認《かくにん》しないと……。

そう思いながら見直しをしていて、解答欄《らん》がひとつ空いているのに気づいた。なんと、記号問題を一問読み飛ばしていたうえに、解答欄《らん》をまちがえて書いていたのだ。危なかった……！　あわてて**修正**する。まさか、本番でこんなミスをするとは。もしかして、本当は緊張していたのかな？

最善《さいぜん》　力量《りきりょう》　修正《しゅうせい》

コレもよく出る！

★景気が回復する兆候《ちょうこう》が見られる。

★国が示した指針《ししん》に従う。

★コンサート会場を厳重に警備《けいび》する。

★やりたいことが際限《さいげん》なく広がっていく。

★潮時《しおどき》を待って選手を交代する。

～エマの場合～

私はココナとともに、椿《つばき》が丘《おか》女子へと向かった。校門前では、塾《じゅく》の先生たちが笑顔でむかえてくれた。先生たちの顔を見たら、緊張がほぐれた気がした。ただ、いつも軽快に歩くココナの足取りが重そうなのが気になった。

「ココナ、いつもの元気がないね。緊張しているの？」

「ううん、緊張っていうか、ちょっと寝不足《ねぶそく》でね。でも、大丈夫《だいじょうぶ》だよ」

そう言ってココナは笑った。心配だけれど、正直私もそこまで余裕《よゆう》はない。私の頭の中は、すぐに自分のことでいっぱいになってしまった。

併願校《へいがんこう》の受験を終えているとはいえ、やはり緊張しないわけじゃない。試験開始の合図とともに、私の緊張は最高潮に達した。松永《まつなが》先生の言葉を必死になって思い出す。「まずはできる問題から優先的に」と思っていたんだけれど、今年は出題傾向が大きくちがっていて、私はこの危機的状況《じょうきょう》に、自分でもどうしたらいいかわからないくらい、あせってしまった。

そして、確実に点が取れるはずの基本問題すら、じっくり解くことができずに、試験を終えてしまったのだ。目の前が真っ暗になった気分だった。

～ココナの場合～

朝から頭が痛い。昨日の寝不足《ねぶそく》のせいか、もしくはリヒトの風邪《かぜ》をもらっ

軽快《けいかい》　最高潮《さいこうちょう》　優先的《ゆうせんてき》
危機的《ききてき》

たのかな？　体調を整えることが何より大切だったのに……。ぼーっとした頭のまま、試験がスタートした。

何これ？　過去問と全然ちがうじゃん！　想定外の問題に、ついあわててしまう。落ち着いて、まずは解ける問題を探さなくちゃ。それにしても、頭が痛い……。

落ち着いて考えると、出題の仕方が今までとちがうだけで、それほど難しいわけじゃない。だけど、頭が痛いせいか、問題を解くのに、いつもより時間がかかってしまう。なんとか解答欄《らん》をうめなくちゃ。神様、時間を止めて！　しかし、そんな願いもむなしく、真っ白な解答欄《らん》をいくつか残したままの解答用紙が、試験官の手によって非情にも回収されていった。

整《ととの》える　非情《ひじょう》　回収《かいしゅう》

コレもよく出る！

★本をたくさん読んで教養《きょうよう》を身につける。

★師弟《してい》関係が結ばれる。

★歴史に残るできごとといっても過言《かごん》ではない。

★ゴッホの絵を模写《もしゃ》する。

★祖父母は質素《しっそ》な生活を送っている。

受験に勝つ!

入試によく出る漢字⑭

10分

――の漢字をひらがなに、カタカナを漢字に、それぞれ直しましょう。〔1問1点〕

1 今日の副菜はサラダだ。

2 姉は度胸がある。

3 祭りでみこしを担ぐ。

4 ずっと願っていたことが成就する。

5 体に悪寒が走る。

6 しばらく安静にしておく。

7 どうにか難局を乗《の》り越《こ》える。

8 パソコンから異様な音がする。

9 小学校生活の有終の美をかざる。

10 和やかな雰囲気をつくる。

11 敗戦から奮起する。

12 最善の方法を考える。

13 夜間に救急車で運ばれる。

14 親が子を養う。

15 力量がためされる問題。

16 熱気が最高潮に達する。

17 非情な言葉は人を傷つける。

18 ヒガンの初優勝を果たした。

19 今日は新聞のカイシュウ日だ。

20 賃金の値上げをウッタえる。

21 クラスでイチガンとなって戦う。

22 ゲネツ剤《ざい》を飲む。

23 台風で旅行が中止になるとはヒウンだ。

24 動物とセッする。

25 けががカイホウに向かう。

26 オオゼイの人が集まる。

27 しっかりと食べてエイキを養う。

28 あの子は他の子に比べてカクダンに歌がうまい。

29 作文をシュウセイする。

30 ヒロウをためると体によくない。

31 ケイカイな音楽に合わせておどる。

32 絶滅《ぜつめつ》のキキにある動物。

33 金庫を厳重にトじる。

34 本だなをトトノえる。

35 遊園地をゾンブンに楽しむ。

点数チェック	
1回目	点
2回目	点
3回目	点

／35点

入試によく出る漢字⑭

答えとアドバイス

148・149ページ

1 ふくさい
主菜にそえる「つけものや酢《す》の物などのおかず」のことをいいます。

2 どきょう

3 かつ

4 じょうじゅ
「ものごとをなしとげる」または「願いがかなう」という意味です。

5 おかん
「悪」を「お」と読む言葉は、他に「嫌悪《けんお》」「憎悪《ぞうお》」などがあります。

6 あんせい

7 なんきょく
「難しい局面」で「難局」です。

8 いよう
「様子がふつうでない」という意味です。

9 ゆうしゅう
「有終の美」はものごとをやり通し、立派な終わりをむかえることです。

10 なご
「和《なご》む」という使い方もあります。

11 ふんき
「奮《ふる》い立《た》つ」という意味です。「奮い起こす」で「奮起」と覚えましょう。

12 さいぜん
「善」の横棒の数をまちがえないようにしましょう。

13 きゅうきゅう
書くときは「急救」としないように注意!

14 やしな
送りがなに注意!「養なう」ではなく「養う」です。

15 りきりょう

16 さいこうちょう
「感情や雰囲気がもっとも高まった状態」という意味です。

17 ひじょう
「非情」…心が感じられないこと。「非常」…差しせまった状態。

18 悲願
「どうしてもかなえたい願い」という意味です。

19 回収
「回収」…配ったものなどを集めること。「改修」…傷《いた》んだ部分を修理すること。

20 訴
最後の一画のななめの棒を忘れずに書きましょう。

21 一丸
「一丸となる」は「心をひとつにする」という意味です。

22 解熱
「解」の右下は「午」ではなく「牛」と書くよう気をつけましょう。

23 悲運

24 接

25 快方
「病気や傷がだんだん治る」という意味です。

26 大勢

27 英気
「生き生きと活動しようとする気力」という意味です。

28 格段

29 修正
「修正」…文章などのまちがいを正す。「修整」…写真などに手を加え整える。

30 疲労
「疲」の部首は「やまいだれ」。「まだれ」にしないように注意しましょう。

31 軽快

32 危機
「機」の最後の一画の点を忘れずに書きましょう。

33 閉

34 整

35 存分

第15話 これからの私たち

本命校の受験を終え、合格発表を見るエマ。
エマは、みんなは、本命校に無事合格することができるでしょうか。

第一志望校である椿《つばき》が丘《おか》女子中学校の入試で、思うように問題を解くことができなかった私は、試験結果を知るのがとてもこわかった。

「どうせだめだろう」と思いながらも、「もしかしたら」というあわい期待をもって見た結果は——不合格だった。くやしい！　涙《なみだ》があふれてくる。

あのとき、もう少し冷静になれていたら……。私は自分とのたたかいに**敗**れたんだ。**自**らのふがいなさを**痛感**させられる。

「エマも？　実はあたしも不合格だったの……」

ココナの言葉を、私はすぐに信じることができなかった。

「ウソッ、どうして？　ココナは合格圏内《ごうかくけんない》だったのに」

「実は、前の日の夜、弟が風邪《かぜ》で救急病院に行ったこともあって、なんだか寝《ね》つけなくて……。頭が痛くて調子が出なかったんだ」

「そうだったの……」

私たちが通う塾《じゅく》では、受験の結果がわかったら、合格でも不合格でも塾《じゅく》へ報告しにいくことになっていた。**家路**につく前に、塾《じゅく》へ立ち寄る。

私はココナとともに、真っ先に松永《まつなが》先生のところへ向かった。そこで、先に来ていたタクトとユウヤに出くわした。

二人とも満面の笑みをうかべている。結果は聞かなくてもわかった。

「二人は合格したんだね。おめでとう！　あたしたちは、だめだった……」

敗《やぶ》れる　自《みずか》ら　痛感《つうかん》

家路《いえじ》

ココナが**拍手**しながら言うと、二人はいつもと変わらない様子で、

「まだ、これからだよ」

「そうそう、二人が合格するまで待っているから、みんなで遊びにいこう」

と言ってくれた。二人の言葉に、不合格の悲しみが少し**和**らいだ気がした。


受験はまだ始まったばかり。明日以降も、椿《つばき》が丘《おか》女子の二回目、三回目の試験がある。タクトとユウヤは、私たち二人が第一志望校に絶対に合格すると**確信**してくれている。それが、変なぐさめ方をされるよりよっぽど**心地**よく、うれしかった。

「二人とも、落ちこんでいるひまはないよ。明日の試験に向けて勉強しよう。いつも言っているけれど、**試験前日まで成績はのびる**からね」

松永《まつなが》先生の言葉は、私とココナを**奮**い立たせてくれた。真っ暗な心に**光明**が**差**したようだった。そうだ、落ちこんでいてもしょうがない。応援《おうえん》してくれているみんなの思いも**背負**っているんだ。**前進**しなくちゃ!

「エマ、明日もがんばろうね!」

帰り際、ココナがいつものように**快活**な笑顔を見せた。

「うん、もちろんだよ!」

明日は一回目の反省をいかして、落ち着いて問題を解こう!

拍手《はくしゅ》　和《やわ》らぐ　確信《かくしん》
心地《ここち》　奮《ふる》い立《た》つ　光明《こうみょう》
差《さ》す　背負《せお》う　前進《ぜんしん》
快活《かいかつ》

コレもよく出る!

★日本の基幹《きかん》となる産業。
★夏の大会に照準《しょうじゅん》を合わせて練習する。
★被害者《ひがいしゃ》を救済《きゅうさい》する制度。
★ローマ教皇《きょうこう》が日本を訪問する。
★屋外にトイレを仮設《かせつ》する。

次の日、私は椿《つばき》が丘《おか》女子の二回目の試験を受けた。

さすがに二回目ともなると、一回目ほど緊張はしなかった。しかし、最初の国語で失敗してしまった。読解問題に時間をかけすぎてしまい、解答の半ばで時間切れとなってしまったのだ。あれだけ松永《まつなが》先生にできる問題からしっかりやるようにと言われていたのに……。ああ、もう無理。絶対受からない。

休み時間の間、気分は最悪だった。ココナは順調かなあ。タクトやユウヤは今ごろ遊んでいるんだろうなあ。

そのとき、私は、前に四人でした約束を思い出した。

そうだ。みんなで合格して遊びにいくんだった。あきらめちゃだめだ。

そう思ったら少し元気が出てきた。国語はともかく、算数以降は落ち着いて問題を解くことができた。全体としての出来は悪くなかったと思う。

次の日、二回目の試験の発表があった。

一回目の試験よりは、手応えを感じた。でも、いのるような気持ちで見た合格発表に、私の受験番号はなかった……。

ココナは合格していた。いいなあ、ココナ。どうして、私だけ……。くやしい。まだ試験を終えられないなんて、苦しい。つらいよ。

半ば《なか》

今日は、私がひとりで塾《じゅく》に残ることになる。ココナが、

「エマ、応援《おうえん》してくれているからね。同じ学校へ行こう！」

とはげましてくれた。私のことに親身になって労わるあまり、自分は合格したというのに、素直に喜べていないココナを見ると胸が苦しかった。一緒に合格して二人ではしゃぎたかったなあ。

「ありがとう。待っていてね！」

私は泣き笑いの顔で、ココナにそう言った。

明日は、椿《つばき》が丘《おか》女子の三回目の試験だ。三回目の試験は、一、二回目に比べ、合格するのが難しいと聞いている。

でも、今は余計なことは一切考えずに、目の前の問題に集中しよう。

私は松永《まつなが》先生とともに、ひとつひとつ問題を解いていった。


「エマ、早く！　こっちこっち！」

「ちょっと、ココナ待って～」

二月半ばの日曜日。私とココナ、タクト、ユウヤの四人は、遊園地にやってきた。そう、私たちの中学受験はすべて終わった。今日は四人で思う存分、遊ぶことにしたのだ。

椿《つばき》が丘《おか》女子の三回目の合格発表を見たあと、私はすぐに塾《じゅく》へ向かった。

労《いた》わる　余計《よけい》　一切《いっさい》

コレもよく出る！

★バザーの収益《しゅうえき》の一部を寄付する。
★ワインを貯蔵《ちょぞう》している蔵《くら》。
★時代が劇的《げきてき》に変化する。
★簡素《かんそ》な造りの家。
★環境《かんきょう》に負担の少ない生活を提唱《ていしょう》する。

自分でも今起きていることが夢なのか現実なのか、**半信半疑**だった。

「先生っ！　松永《まつなが》先生！」

声が**震**え、ひざもがくがくしていた。

松永《まつなが》先生が、いつもの優しい顔で私を見つめている。私の報告を聞くと、先生の表情がぱあっと明るくなった。

「エマ、よくがんばったな。**朗報**、うれしいよ！　最後まで努力を**怠**らず、**進歩**し続けたから、**起死回生**の合格ができたんだと思うよ。本当におめでとう！」

その言葉を聞いて、私はわんわん泣き出してしまった。

三回目の受験はつらかったけれど、あきらめるわけにはいかなかった。

家族が、友だちが、そして松永《まつなが》先生が、一生懸命応援《おうえん》してくれている。そう思うと、自分でも不思議なくらいがんばることができた。

合格を伝えたときの両親の顔を、私は人生**最期**の日まで忘れることがないだろう。毎日塾《じゅく》への送りむかえや、お弁当作りをしてくれたママの喜びはひとしおだったようだ。これまで、相当な**負担**だったと思う。

中学受験は、しない人もたくさんいる。でも、私は小学六年生ということの時期に、こんな**貴重**な**経験**ができて、とてもよかったと思う。

バレエをやめたり、学校の友だちと遊べなかったり、つらいこともたく

半信半疑《はんしんはんぎ》　震《ふる》える　朗報《ろうほう》
怠《おこた》る　進歩《しんぽ》　起死回生《きしかいせい》
最期《さいご》　負担《ふたん》　貴重《きちょう》
経験《けいけん》

さんあったけれど、あきらめないで取り組むことを教えてもらえた。そして、自分が周りの人たちに支えられているという事実に気づくこともできた。

それから、この特別な環境《かんきょう》でできた、かけがえのない友だち。

春からは、ココナと同じ学校へ通えるんだ！　あの日、二人で見た、あのあこがれの学校へ。とうとう夢を実現したんだ。

学校はちがっても、タクトやユウヤともまた一緒に遊ぶだろう。タクトが好きなゲームの話や、ユウヤのバスケ部での活躍《かつやく》を聞くのが、そして私とココナの素晴らしい学校生活の話を二人に聞かせるのが、今からとても楽しみで仕方がない。

実現《じつげん》

コレもよく出る！

★ヘリコプターを操縦《そうじゅう》する。
★銀行の残高を照会《しょうかい》する。
★優秀《ゆうしゅう》な研究者たちの力を結集《けっしゅう》する。
★首尾が照応《しょうおう》する。
★兄は会社員から美容師に転向《てんこう》した。

受験に勝つ!

ことわざ・慣用句・四字熟語・まちがえやすい漢字

20分

1 次のことわざ・慣用句の意味を、ア～コの中から選んで、線で結びましょう。

① 一寸の虫にも五分の魂《たましい》
② 舌を巻く
③ 水を差す
④ 雨降って地固まる
⑤ 立て板に水
⑥ 石の上にも三年
⑦ 顔が広い
⑧ 手を焼く
⑨ 寝耳《ねみみ》に水
⑩ 気が置けない

ア うまくいっている間柄《あいだがら》やものごとを邪魔《じゃま》すること。
イ がまん強く努力すればやがて成功すること。
ウ あまりにもすぐれていて驚くこと。
エ よどみなくすらすら話すこと。
オ 小さな者にもそれなりの意地があること。
カ 不意のできごとに驚くこと。
キ 知り合いが多いこと。
ク 悪いことが起きたあとはかえってうまくいくこと。
ケ えんりょや気づかいをする必要がないこと。
コ うまくいかなくて手こずること。

2 □に当てはまる一文字を、┆　┆の中から選んで書きましょう。

① 絶□絶命　どうしてもものがれられない差しせまった立場や状態。
② 空前絶□　過去に例がなく、これからもあり得ないと思われること。
③ 心機一□　あることをきっかけに気持ちが変わること。
④ 単□直入　遠回しな言い方をせず、本題に入ること。
⑤ 三寒□温　冬に寒い日が三日続くと、その後四日ぐらいはあたたかい日が続くこと。
⑥ 十人十□　考え方や好みは人によってそれぞれちがうこと。
⑦ □小棒大　小さいことを大げさに言うこと。
⑧ 臨□応変　そのときの場面に応じた対応をすること。
⑨ 以心□心　言葉を使わなくても心が通じ合うこと。

後　四　機　体　伝　転　色　刀　針

答え
1 ①オ ②ウ ③ア ④ク ⑤エ ⑥イ ⑦キ ⑧コ ⑨カ ⑩ケ
2 ①体 ②後 ③転 ④刀 ⑤四 ⑥色 ⑦針 ⑧機 ⑨伝

3 次のカタカナを漢字に直しましょう。送りがなが必要な場合は、ひらがなで書きましょう。

① つとめる
ア 生徒会長をツトメル。（　）
イ 市役所にツトメル。（　）
ウ 勉学にツトメル。（　）

② おさめる
ア 税金をオサメル。（　）
イ 成果をオサメル。（　）
ウ 国をオサメル。（　）
エ 学業をオサメル。（　）

③ そなえる
ア 仏だんにソナエル。（　）
イ 災害にソナエル。（　）

④ えいせい
ア 地球のエイセイは月だ。（　）
イ エイセイ面に気をつかう。（　）

⑤ たいしょう
ア 中学生をタイショウにした本。（　）
イ タイショウ的な性格の二人。（　）
ウ 左右タイショウな図形。（　）

⑥ いがい
ア イガイな話を聞く。（　）
イ 国語イガイは得意だ。（　）

⑦ かいとう
ア 質問にカイトウする。（　）
イ 試験問題のカイトウ。（　）

⑧ かんしん
ア 日本の歴史にカンシンがある。（　）
イ 堂々とした姿にカンシンする。（　）

答え　3
①ア 務める　イ 勤める　ウ 努める
②ア 納める　イ 収める　ウ 治める　エ 修める
③ア 供える　イ 備える
④ア 衛星　イ 衛生
⑤ア 対象　イ 対照　ウ 対称
⑥ア 意外　イ 以外
⑦ア 回答　イ 解答
⑧ア 関心　イ 感心

監修

松島伸浩（まつしま　のぶひろ）

1963年生まれ、群馬県みどり市出身。現在、スクールＦＣ代表兼花まるグループ常務取締役。教員一家に育つも、私教育の世界に飛びこみ、大手進学塾で経営幹部として活躍。36歳で自塾を立ち上げ、個人、組織の両面から、「社会に出てから必要とされる『生きる力』を受験学習をとおして鍛える方法はないか」を模索する。その後、花まる学習会創立時からの旧知であった高濱正伸と再会し、花まるグループに入社。教務部長、事業部長を経て現職。これまでのべ10,000件以上の受験相談や教育相談の実績は、保護者からの絶大な支持を得ている。公立小学校の家庭教育学級や子育て講演会、受験講演会は定員のため抽選になるほどの人気である。現在も花まる学習会やスクールＦＣの現場で活躍中である。
著書に、『中学受験 親のかかわり方大全』（実務教育出版）、『中学受験 算数［文章題］の合格点が面白いほどとれる本』『中学受験 算数［図形・場合の数］の合格点が面白いほどとれる本』（以上、KADOKAWA）などがある。

物語

たかはし みか

秋田県横手市出身。児童文学作家、ライター、編集者。小中学生向けの物語を中心に、伝記や名作読み物のほか教科書や教材まで幅広く執筆中。著書に『小学校の国語　読解力アップ直結問題集　仕事のなぞ』（実務教育出版）、「もちもちぱんだ　もちっとストーリーブック」シリーズ、『スヌーピーと幸せのブランケット　ピーナッツストーリーズ』（以上、学研プラス）、共著に「ラストで君は『まさか！』と言う」シリーズ（PHP研究所）、「なぜ？　どうして？　身近なぎもん」シリーズ（学研プラス）などがある。

カバーデザイン	西垂水敦・市川さつき (krran)
表紙・本文イラスト	シライシユウコ
本文デザイン・DTP	株式会社クラップス　中藤崇
校正	村井みちよ
編集協力	株式会社童夢・野口和恵

中学受験　物語ですらすら頭に入る　よく出る漢字720

2020年3月5日　初版第1刷発行

監修者　松島伸浩
発行者　小山隆之
発行所　株式会社実務教育出版
〒163-8671　東京都新宿区新宿1-1-12
電話　03-3355-1812（編集）　03-3355-1951（販売）
振　替　00160-0-78270
印　刷　壮光舎印刷
製　本　東京美術紙工

ISBN978-4-7889-1158-1　C6081